U0598229

Linking Strategy and Talent: Recruitment Management Holistic Solutions

上承战略
下接人才

招聘管理系统解决方案

潘 平 ◎著

中国法制出版社
CHINA LEGAL PUBLISHING HOUSE

序

2014 年夏天，我第一次登上青藏高原，沐浴着高原之风，聆听着"呀拉索，那就是青藏高原"的天籁之音，经历了身心的洗礼，这是一种何等的幸福！

登高望远，看到了山峰的神奇美丽；翻山越岭，品味了纳木错湖的圣水；舞榭歌台，谛听了"大唐公主和亲的传奇"……这一切是那么遥远又那么触手可及，是那么神秘又那么真实。回来后我继续写书，终于在 2015 年年初完成了我的第一本著作《上承战略 下接人才——人力资源管理高端视野》，出版后反响很好，深受读者喜爱。受此鼓励，我对多年积攒下来的实战经验进行整理，结合这些年的潜心研究，在随后的几年里又陆续出版了两本有关培训、招聘的专业书籍。今年年初，我的第四本著作《上承战略 下接激励——薪酬管理系统解决方案》面世，此书延续了"上承战略下接人力资源业务"的管理思想，与之前的三本著作一脉相承。

为使我的人力资源管理思想体系更加完整，今年我对已出版的招聘书籍进行了重新改版，取名为《上承战略 下接人才——招聘管理系统解决方案》，同时新著了《上承战略 下接人才——绩效管理系统解决方案》。这样一来，我的"一体两翼两平台"人力资源管理思想体系正式形成！

为什么要构建"一体两翼两平台"的人力资源管理体系？我是从战略、人才、激励三个维度来思考的，并按以下的管理逻辑来建构的。

一个企业成功了，管理大师都会对其进行剖析，分析其成功之道。有的说是战略指引得好，有的说是文化建设得好，有的说是企业机会把握得好，等等。这些说法都有一定的局限性。从我多年的分析总结来看，企业成功的关键在于"人"，因为"人"才是创造和改变企业的真正原动力。

战略是人制定的！一个企业的战略要么是老板本人或者管理团队共同制定的，要么请外部咨询机构来做，无论采用哪种方式，最终都离不开人。战略是对未来的规划，最终的实现要依赖人的能力。因此，一个优秀的企业必定拥有优秀的企业家及团队。他们不仅志存高远、高瞻远瞩，还善于使用社会优秀人才，不断推动企业的发展。

"上承战略"是人力资源管理体系的"一体"所在。作为企业的重要职能部门，人力资源管理部必须学会诠释企业战略。企业战略指向哪里，人力资源前进的方向就在哪里。人力资源为企业战略提供各种资源保障，"逢山开路、遇水搭桥"，助力将士们从一个胜利走向另一个胜利。"上有承接"才能去分责、去担当，实现职能价值，这正是人力资源要上承战略的精髓所在！

鸟儿有丰满的羽翼才能持续飞翔，企业有"丰满的双翼"才能在竞争中取胜。那么企业的"两翼"是什么呢？在哪里呢？

企业的竞争说到底就是资源的竞争，人、财、物等资源是一个企业生存发展的根本，而人才资源是这些资源的基础。企业只有拥有优秀的人才，才能把财物资源用好并让其增值。那么，优秀的人才是怎么来的，无外乎"外招与内培"，"无才则招，有苗育好"，这是优秀企业人才发展的最佳途径。过于依靠外聘人才的企业走不远，因为人才如锥子，放在身上，一头要出头，一头要扎人。企业很难去整合这些社会人才，使其融入企业文化，这些社会人才也很难对企业忠诚，所谓"高薪招来人中凤，企困来时早先飞"。但是企业要发展、要创新、要突破、要激活，自然需要引入外来人才。"招好人、招对人、闻同味、共创业",让他们快速融入企业,为企业所用并发挥好价值,这是企业追求的目标。因此,企业管理者、人力资源管理者必须懂得招聘之术,招对人才并用好人才。我的《上承战略 下接人才——招聘管理系统解决方案》一书,正是针对以上问题提出系统解决方案。

招人需要付出较高的成本,通过"高平台、高薪酬、高福利"招聘进来的人才会让那些内生培育出来的人才产生一定的竞争压力。优秀企业都注重人才的内生培养,强调人才内生文化,培育企业优秀人才的文化基因。于是他们重视校园人才的培养,建立自己的培养体系,组建自己的培训大学,系统培养自己的人才。

招聘关键人才来解决企业能力瓶颈,快速提升业务绩效,加速企业发展,同时加强对企业存量人才和新招校园人才的培养,这有助于企业人才发展两翼齐飞,构建人才发展生态链,从而使企业拥有源源不断的人才。我的培训书中构建的"6·5·4·1培养体系"正是为了系统解决人才培养的难题。

人才依靠平台飞翔!评判人才的标准是什么?不仅是高学历、丰阅历、高薪资、名企业,更关键的是他们能否为企业带来价值、创造绩效。那么,靠什么来评价经营绩效?要靠销量、利润、规模、占有率、资金流等关键绩效指标,这些指标是企业经营的顶层绩效指标。"上承战略"自然要承接这些顶层绩效指标,而如何去承接并达成,这就是人力资源绩效管理的内容。企业对员工进行绩效管理,让大家去关注组织绩效,努力达成个人绩效,让优秀的人才创造卓越绩效,这是绩效管理的根本。因此,建立绩效管理文化,让绩效不是寒冰而是熊熊燃烧的烈火,让这"烈火"驱动绩效发动机快速运转,进而让绩优者获得升职加薪,让绩劣者远离,这样的企业才能有活力,才会有发展!我的《上承战略 下接赋能——绩效管理系统解决方案》一书正是从以上内容出发提出了系统解决方案。

人才如良驹,要他们日行千里、夜行八百,必然要给予优质粮草,这样才能让他们保持良好的身体状态，才能有战斗力。对企业来讲，优质粮草是一个"拥有与分配"的话题，是"挣钱与分钱"的问题；而对员工来说，就是"工作与攒钱"的问题。企业要注重激励分配管理，是当期挣钱当期分钱，还是当期挣钱长期分钱，这取决于企业的激励机制。"金手铐"铐得了人身还应铐得住人心，"身心合一"才是激励的最高境界！

绩效管理平台和薪酬激励平台是企业和员工契合的关键纽带。企业要建设好这两个平台，要随市而变，不断优化平台，让员工在工作中有成就感，在生活和家庭中有幸福感，在社会上有自豪感。员工在这样好的平台上一定会努力工作，想不忠诚都难！

企业除了要构建好顶层管理体系，构筑好企业文化，营造良好的工作氛围和环境，还要让员工快乐工作，努力奋斗，有目标、有发展、有安全、无后忧，这才是优秀的企业。

正是基于以上思考，本人结合20多年的研究和管理实践，经过不懈努力、探索、总结、提炼，一个完整的人力资源管理思想体系——"一体两翼两平台"逐渐形成。"一体"为战略，"两翼"分别为人才招聘和员工培训，"两平台"分别为绩效管理和薪酬激励。企业导入并拥有这套体系，人力资源管理的问题就迎刃而解了。"一体两翼两平台"的管理模型如下图所示。

"一体两翼两平台"管理模型图

这套管理体系由 5 本书构成，它们分别是《上承战略　下接人才——人力资源管理高端视野》《上承战略　下接人才——招聘管理系统解决方案》《上承战略　下接绩效——培训管理系统解决方案》《上承战略　下接人才——绩效管理系统解决方案》《上承战略　下接激励——薪酬管理系统解决方案》。

《上承战略　下接人才——招聘管理系统解决方案》一书有很强的实践性和轻松的阅读性，系统的人才管理体系让读者一阅便知人才的价值性、企业对人才的重视性、猎头行业的业务性、从业者的专业性、企业实践的有效性。各章节通过体系和流程贯穿整个招聘管理业务。用大量的实践案例让读者体验和思考招聘工作，仿佛进入招聘工作实景。大量的工具方法表单让读者轻松借用。"七招"的独特招聘管理技法让企业把人才轻松网罗怀中。招一，如何精准人才招聘计划；招二，招聘渠道奇巧选择，出奇制胜；招三，人才情报地图精准制导；招四，招招组合，面试甄别人才；招五，"四阵法"搞定人才招聘协议；招六，定位跟踪，笑迎人才；招七，培训传秘籍，文化融人心。总结起来，本书的特色具体表现在五个方面：一是新颖的管理理念；二是系统的管理体系；三是有效的管理流程；四是实用的工具方法；五是众多的名企经典案例。全书共搜集名企案例多达几十个，这样系统化、可践行、可复制的内容在其他书中较为少见，这就是本书的精华所在。让读者去感受招聘管理实践，引导读者深入思考招聘管理工作。

管理有道！上善若水是自然法则。企业的战略要随势而变，不可一意孤行、要"知止"。要知道战略的行进到什么地方为止，否则企业将走向衰亡。互联网时代告诉我们，"资本知止而不续投，股票知止要止损"，这些都是优秀企业家的智慧。人也是如此，"明知山有虎，何必山中行"，退避也是一种选择，是为了以退为进，是为了企业能够更好地发展！

管理有法！人要遵守自然法则，方可在自然中生存；人要遵守国家法律，才是一个合法公民；员工要遵守企业规章制度，才是一个合格员工。一个企业没有规章制度，员工各行其是，企业文化如何形成？人力资源部门是制定这些规则的部门，在制定规则时既要符合企业经营管理要求，又要从人性出发符合员工需求，以共同努力达成共同目标，做到"人企合一""知行信改"。企业的制度如果得不到员工的认同，是无法落地的，企业也会因为这些不合规、不合情理的制度而导致人散企亡，呜呼哀哉！

管理有术！制度刚性，管理柔性。不同的人力资源管理者与不同的员工交流，其结果是千差万别的。完美的人力资源管理需要智商与情商的高度结合。有些人说，不懂业务的人力资源管理者不是优秀的人力资源管理者。我却认为，情商不高的人力资源管理者不是优秀的人力资源管理者。面对各种各样的员工，拥有好的管理之术才是最重要的。因为管理人比管理其他方面都重要、都难，管理好人，才能管理好万事！

管理有器！面对强大的对手要敢于亮器，这是"亮剑精神"。手里没有"倚天剑"，你的勇气从何而来？因此，企业要锻造自己的"倚天剑"，建立完善的企业制度是非常重要的。

企业什么都有了，那么我们应该拥有什么？

人生四季，"春有百花秋有月，夏有凉风冬有雪。莫将闲事挂心头，便是人间好时节"。我们生活在四季轮换之中，我们应如何面对四季的变换呢？

做一个有智慧、有远见、有目标、有理想的人；做一个有追求、遇事不慌、身轻前行的人；做一个有情商、有爱心的人……做人要正直大气，这样才能让人尊重。在职场上要有能力，要专业，这样才能让人信服。做事易，做人难，我们只有把人做好、把事做对，这样才是真正的人才，否则就是庸人。

今年8月从草原归来，我对人生又有些感悟。策马扬鞭不负青春年华，草原美色离不开雨露滋润。马头琴声悠扬，是对草原的无限赞美。羊鞭高举，轻轻落下，打在羊儿身上，也打在我的心上。心中的目标在远方，我的追求在路上。"职不止，梦不休。"谨以"一体两翼两平台"管理思想体系奉献给读者，希望读者能够爱上每天初升的太阳。

高原的风，草原的雨，让四季都美丽。目前正值景美果丰的秋季，我将不忘初心，继续前行，争取把最好的书呈现给我的家人和朋友们，并与大家共勉美好未来！

潘　平

第四章

职位任职资格管理——评价能力有标准

第五章

员工绩效考核管理——衡量价值有标尺

第六章

员工薪酬福利管理——聘才谈薪有依据

第七章

制订人才招聘计划——人才发展解决方案

第十一章

如何组织好招聘会——树品牌、招人才并举

第十二章

如何管好人才情报——为招真才做好准备

第十三章

如何绘制人才地图——按图索骥狙击招才

第十四章

人才测评技术方法——好利器，识别真才

第十五章

人才面试技术方法——用慧眼识别真才

第十六章

招聘协议谈判技巧——用心谈，用薪激励

第十七章

如何做好背景调查——入门再鉴才知真伪

第十八章

人才待入职期管理——别让熟鸭子飞了

第十九章

新聘员工入职培训——快速融入胜任岗位

第二十章

试用期的考评管理——充分用好试用期

第一章

重新定义人才招聘
——人才盛则天下兴

时势造英雄，英雄应时势，英雄与时势相辅相成。自古便有"人才之难万冀一，一士其重九鼎轻"的说法，可见历朝历代对人才的重视。

秦昭王跪得范雎：范雎为一隐士，熟知兵法，学识渊博。秦昭王得知后，驱车前往拜访范雎，见到他便屏退左右，跪而求教，一连五次，言辞恳切、态度恭敬。之后，范雎鞠躬尽瘁地辅佐秦昭王，为秦国统一天下奠定了坚实的基础。

三顾茅庐定天下：汉末，黄巾事起，天下大乱。官渡之战刘备大败，他听闻诸葛亮博学广识，就和关羽、张飞带着礼物到南阳三顾茅庐、礼贤下士，请诸葛亮出山。遂后，诸葛亮夙兴夜寐，辅佐刘备，拿下西川，和曹、孙形成三足鼎立之势。

上述皆是历史上招人引人的经典案例，历史上也有许多识人用人的经典书籍，如《驭人经》《冰鉴》等。这些书籍从面相、言谈举止、经历等多维度来识别人才，足见古人之爱才惜才。

当今的中国亦是如此。聚才、聚力、汇聚、凝聚，中国就像一个聚宝盆，国家的"千人计划"、北京的"海聚工程"，都在通过更高的职业平台、更好的薪酬待遇，吸引优秀的人才来国发展。

1.1　人才流动必然性

自古泊今，人才招聘的方式可谓百花齐放、怪"招"丛生。随着"互联网 +"时代的来临，人才招聘进入了一个新的时代，识人、招人、用人、留人的方法已经上升到了一个新的高度。根据公司的战略来制定人才战略与策略、去猎聘公司发展需要的关键人才并为我所用，已经成为企业的共同目标。

图 1-1　人才流动必然性分析

改革开放四十多年，中国经济的齿轮高速运转，"中国梦""一带一路"带动了许多行业的腾飞。中国是人口大国，但不是人才强国，人才的结构性缺口矛盾十分突出。对此，企业要保持竞争力，就要留住人才、争抢人才。人才流动加快成为必然，人才招聘行业的发展也进一步加快。

1. 人才成长的地域性

"橘生淮北则为枳"，人才的成长受地域的影响较大。北方人高大、南方人娇小、黑人健壮，这些都是基因带来的显性差异。在体育竞技运动项目中，由于亚洲人不具备身体素质的天然优势，一些俱乐部为推进竞技项目的发展，或在大赛中取得好的成绩，就不得不去招聘此类人才——因为"基因"是培养不出来的，所以我们必须得靠引才。

2. 教育环境的差异性

好基因还得用好土壤来培养。中国高校在世界排名中进入前一百名的寥寥无几。占世界人口近六分之一的大国，却仅有那么几所高校进入世界百强，足以看出中外在人才培养能力上的差异。

3. 行业发展的参差性

各国都有自己的资源优势以及行业发展优势。在飞机、汽车等制造领域，我国落后于欧美发达国家，如何缩小与发达国家之间的差距是需要共同探讨的话题。要靠世界经济一体化缩短与世界的差距，我们就要正视行业发展差距背后的人才差距，而弥补这一短板的途径之一就是"招"：招优秀的、不同肤色的人才加入我们。

4. 企业发展的阶段性

不同的行业、不同的企业所处的发展阶段不同，对人才的拥有和需求也不同。领先者总是在设法保持领先，新加入者则会为发展采取不同的"招"来壮大自己的人才队伍，而竞争者则会为打败对方相互猎取关键人才。留才、猎才在企业人才政策中的比重随着企业发展阶段的变化而不断变化：初创企业猎取同行之才；成长企业猎才、育才并举；成熟企业则在窥视转型升级的关键人才。企业在，人才竞争就在。

5. 人才自身的周期性

人才随着自身的年龄周期逐步增值，随后再逐渐减值。在人才的增值周期上，个人不断需要被发现、被增值。发现并增值的方式无外乎有三种：第一种是被自己的企业发现、重用，自身职位好、薪酬高、被尊重。第二种是怀才不遇，所在的企业业务发展一般、自身的价值得不到体现，个人因要求更好的发展愤而离去。第三种是被其他企业挖走，去其他的东家实现自我价值。但随着个体年龄增大，精力不济、创新不足、激情下降这些问题会慢慢显现，一段时期内被企业认定的人才可能会逐渐变为弃才。

6. 猎头行业的"猎财性"

中国的猎头有多少数不清，正式注册的猎头公司、表面做咨询而实为猎头的公司均在争抢这块市场蛋糕，国际猎头向中国猎头挤，小公司向大公司挤……由于猎头进入的门槛低，猎头公司为了生存不得不去寻找客户、寻聘人才。猎头公司会想方设法促成一段"姻缘"，因为"姻缘"越多，他们的"猎头"费就越多。当然，这后面是人才的不断流动，人才也在不断寻求自我增值，其方式、过程越简单、薪资待遇越高越好。而企业为了为寻聘人才节省人力时间，则会委托猎头招聘，这是最好的方式之一，三方都如意：人才获得新职位、企业获得所需的人才、猎头赚得钵满盆满。猎头想赚的钱越多，其"猎性"就越强。

1.2 人才流动价值性

企业要发展就要获得人才，如何获取人才？这就要熟知人才招聘的内涵了。

1. 人才是财富——人才看自身

当人才意识到自身的价值及价值规律的周期性时，就要想办法将这种价值最大化变现，而变现的方式就是流动。不管是在企业内部流动还是在外部流动，人才只要实现了自身价值的保值增值，自身的价值就得到了体现，而人才是否增值则需要从以后的工作环境、薪资、发展前途持久性等方面来衡量。"过山车"的现象在职场中不胜枚举。人才只有找准自身的位置、评估好自身的能力、平衡好自己的生活，才能施展才华实现自我价值、才能成就自我。

2. 人才是财富——从社会发展看

社会的发展离不开人才。社会发展的速度取决于资源配置的合理性，而人才的合理流动则是对社会资源的合理配置过程。人才不可能永远适应一家企业的发展，因此适时、自由的人才流动机制也是保障社会发展效率、提升整个社会财富增值的重要因素。

3. 人才是财富——企业看人才

企无人则止。凡是优秀的企业都会把人才作为企业战略资源来经营，从战略的高度来重视人才，对此，企业制定人才战略、人才规划，在组织机构方面设置相应的部门来管理人才。从企业的发展历程上看，重视人才经营管理已经成为头等大事，因为好的人才可以成就一个企业。当今互联网行业发展迅速，人才的竞争尤为激烈，一个工作 3—5 年的优秀工程师年薪好几十万元，如此之贵让 HR 从业者无语、让企业老板无奈。可见，企业有人才才能有好发展，因此企业把人才当成最核心的竞争资源，不惜代价去挖、去保护、去培养。

4. 人才是财富——猎头看人才

靠猎取人才吃饭是猎头的根本，人才的结构矛盾是企业最头疼之事，但它反而成就了猎头。你要人才但不知道人才在哪里、即使知道在哪里，如何把他招进来也不是一个简单的活——猎头看准这个机会，不断地说服企业，为企业做人才解决方案、帮助企业猎才——当然这并不是无偿的服务。猎头投入人力物力帮企业猎才，企业得出服务费，企业人才结构矛盾越突出，猎头的生意就越好做。猎头在工作时，需要建立人才库并对人才进行评价、说服人才接受面试、督促人才与企业签订协议并报到上岗，这样才能赚到猎头费。其实在他们的眼中和实际行动中，人才就是商品、就是财富，一般的人才卖一回是一回，而好的人才要多次卖，直到卖不动为止。

5. 人才是财富——HR 看人才

猎好人才、履好职责，为企业负责、为人才负责，自己的工作业绩上去了，HR 管理者就会获得上司的认可、提职加薪，自己的财富就增加了，反之则不然。因此，HR 管理者要如何管好人才这一财富呢？一是要洞察、诠释企业的发展战略，制定人才发展的战略规划。二是要制订好人才计划——什么业务什么职能需要什么人才？何时配置到位？三是要掌握管理人才的相关 HR 业务，如职位管理知识标准、人才测评的方法技术、交流沟通技巧、薪酬福利政策、劳动法规、人才信息、资源信息、渠道政策制度等。四是要利用好猎头网站等资源帮助自己快速猎才。只有掌握好这些知识、利用好这些资源，才能更好地招到所需的人才，HR 才能实现个人价值的最大化并给企业带来增值。

1.3　赋能招聘管理者

我曾经面试过几个来公司应聘 HR 的小姑娘、小伙子，通过面试交流我发现他们的形象气质都不错。当进一步深入交流时，我问他们希望从事 HR 哪个模块，他们的回答不是培训就是招聘；于是我问他们为什么要这样选择，有的人说培训比较时尚、可以学习知识、更多地与人交流、较容易上岗发展……而做招聘呢? 在实习时可以帮助搜索简历、安排候选人面试、报到上岗等, 招聘工作易入手、成长快、可以接触很多人……我接着问, "你们做了这段时间, 知道做好招聘工作需要了解 HR 模块的相关知识吗?" 他们摇头、再摇头, 有人回答, "不就是领导安排做什么就做什么吗?" 我一脸愕然, 原来招聘就那么"简单", 我做了那么多年 HR, 甚至出了人才战略和培训管理方向的两本书, 也从未真正感觉那么轻松简单。

怪不得猎头公司的小猎头工作者(这里姑且只称他们为"工作者"), 很难华丽转身成为优秀的 HR 管理者, 而一生都是"猎头工作者的命"。那么, 如何成长为优秀的招聘专家呢? 学习掌握相关的 HR 模块知识非常重要。

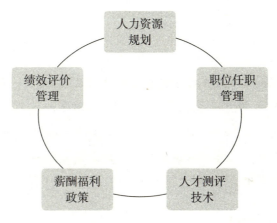

图 1-2　"招聘专家"胜任力——知识模型

1. 懂人力资源规划

制定人力资源规划时必须先对企业的战略进行诠释, 并根据业务的战略目标、组织架构标杆分析、能力与业务发展趋势对比等诸多因素组合分析评估。企业的人才战略规划、人才发展目标均是人才管理的关键, 不知企业的战略规划自然不能与人才交流, 不能讲故事、讲历史、讲未来, 也无从得知自己的招聘计划从何而来? 招聘人才来企业是解决什么问题?

2. 懂职位任职管理

我们常常会遇到候选人问, 招聘职位的职位描述是什么? 比如它们的汇报关系、职责权限、管理的人数规模、有无绩效考核指标等。这些内容是什么?

就是职位与任职资格管理的内容。精准的职位管理，包含以下要素：职级架构、职业族、职位、岗位、职位名称、汇报关系、任职资格、管理权限等。

3. 懂人才测评技术

对人的能力素质评价要素包含：核心价值观、必备经历、专业力、领导力等，不同的职位对人的能力的要求是有较大差别的，不同的人能力述职差别又很大。因此我们要懂什么是能力素质模型、素质能力测试、人才测评的方法技术如何识别人才等。只有掌握这些才能去测试、去评估人才的能力，才能精准地做简历的筛选、人才的面试评价。否则你就只是一个面试组织者，当不了面试官。

4. 懂薪酬福利政策

企业对不同的职位会有不同的职位价值评估，并制定对应的薪酬福利政策，而薪酬福利待遇又是流动人才考虑的最关键的要素之一。有一句话说得好，"没有好的平台、好的薪酬福利待遇，如何去招人、留住人"。因此，薪酬的架构、水平、分配激励方式，均会对人才的去留带来较大影响，如何与其谈协议、把企业的薪酬福利政策结构水平和激励模式介绍清楚并让候选人很快地接受非常重要。同样，不懂薪酬政策的人，也仅仅是形式上的面试者。

5. 懂绩效评价管理

什么样的职位对应什么样的绩效指标及目标，人招来就是在解决职位绩效的问题。特别是对职位越高的人，绩效管理就越重要，否则你无法去评价他，也不好去解雇他。当然，企业的员工关系管理、保密、竞业等方面的内容，HR 也需要相应地了解并掌握。以上应掌握的 HR 相关业务知识将在本书的章节中介绍。

1.4 做业务合作伙伴

HR 的价值在哪里？HR 就是在为业务提供解决方案、成为战略业务的伙伴。什么是伙伴呢？元魏时军人以十人为火，共灶炊食，故称同火时为伙伴，引申为同伴，后多写作"伙伴"。HR 要成为企业的业务伙伴，自然要与他们共灶炊食，而光掌握 HR 的相关知识是远远不够的。如一个人虽然一身功夫，但不上阵杀敌肯定成不了英雄，仅是一介武夫而已。因此要成为真正的 HR，就必须懂业务！只有懂得越多越深，你才知道业务的痛点、难点在哪里，才能换位思考，才能让人力资源为他们服务，才能得到认可，才能创造价值，自己的价值才能体现，你才能成为真正的招聘管理者。这里有几点要强调。

一是当徒工知难易。不耻下问既是心态，也是行动。招聘管理者大都不是从业务部门转过来的，他们中不乏从高校毕业后直接从事招聘管理的。因此，他们对业务了解得太少，不知道产品是什么样子、工厂是什么样子、管理定员不知工艺节拍、管理绩效不知市场指标……那么应该怎么办？走进"三场"当学徒：走进工厂当学徒、走进市场当徒弟、走进业务现场当弟子，拜前辈为师教授业务，以此来补业务缺失之课。

二是当好助手知流程。要知道业务的管理流程是什么？流程节点及工作量、从事工作的上下左右流程、在岗人员的能力如何？他们的积极性又怎样？只有身临其境，当好他们的助手你才能学得到、体验得到，你才会去重新思考你的制度流程、规章、法规、所配置的资源的合理性等。

三是当好专家通业务。要真正地了解业务，仅当助手级层次的人肯定是不行的。只有不断深入地学习钻研业务，你才能与他们建立起业务交流语言、你在推进 HR 的相关项目时才有发言权，否则你会被他们踢出圈子，说你不懂业务乱定目标。

四是做好伙伴获认同。懂业务并了解了问题的关键所在后，你就可以帮助业务人员发现问题、提出问题解决方案，并利用自己的资源职责，主动帮助他们解决问题、提高他们的绩效了，他们一定会竖起大拇指为你"点赞的"。

五是懂得业务成领导。HR 的目标是支持和服务业务，你懂他们，他们也就懂你了。这是一个共赢的时代。你因为懂业务而知他们的痛，帮助、支持他们治好痛，帮助他们达成绩效目标；老板对他们"点赞"，并提拔他们，你也同样会获得提拔。

综上，人才是国家和企业关注的重点及焦点，"人挪活、树挪死"，人才需要不断流动寻找与之相适应的沃土。企业对人才的需求以及人才对自我价值提升的需求导致人才的流动，同时猎头行业的迅速发展更推进了这种流动。企业寻觅优秀人才、猎头要让自己的企业基业长青、人才渴求增值，这是人才发展的生态链。在这个链条上，谁的理念超前、能力强，谁就会在这个链条中生存得越来越好。因此，对于人才招聘，要从企业、猎头、人才多维度进行评价。

第二章

企业生命周期及其所需人才的特征
——人才战略双驱动

企业如人，都会经历出生、成长、成熟、衰退的自然生命规律。20 世纪 50 年代末，由美国学者，马森·海尔瑞首先提出了可以用生物学中的"生命周期"观点来看企业的发展规律，认为企业的发展也是符合生物学中的成长曲线的。1972 年，美国哈佛大学的拉瑞·格雷纳教授在《组织成长的演变和变革》一文中第一次正式提出了企业生命周期概念。此后，国外许多学者围绕企业生命周期进行了深入研究，到目前为止有二十多种不同的生命周期理论模型，大多数模型都将企业生命周期划分为四个阶段，即初创期、成长期、成熟期和衰退期。在企业生命周期的不同阶段内，由于企业所处的环境、所拥有的资源优势均不同，所应采取的相应人力资源策略也各不相同。

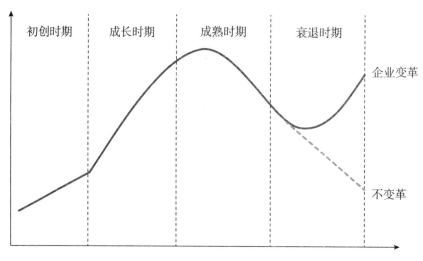

图 2-1　企业生命周期曲线

影响企业生命周期的因素总结起来不外乎技术生命周期、产品生命周期、产业生命周期、人才生命周期、宏观环境变化以及企业自身能力等。所以，企业的兴衰是必然的，大众创业的背后自然是大多数企业倒下，但仍有一些企业可以通过对自己生命周期的有效管理成为"百年老店"。其秘诀就在于这些企业都是在企业生命周期中的关键阶段进行了大胆而持续的变革，推进产品生命周期管理、企业转型升级管理、人才梯队管理等，围绕市场、客户进行持续的变革。它们不断修正着企业的发展轨迹，保持了企业基业长青。

这些企业通常有以下特点。

> 对政治经济环境，行业发展趋势具有很强的洞察力和变革适应力。
> 有很强的危机意识和清醒的头脑，如华为总是在说"下一个倒下的会不会是华为"。
> 持续推进变革，永葆创业创新精神，在不断变革中求新生、求发展。
> 发展内力、突破自我、平稳发展。
> 从战略的高度重视人才，企业有人才战略、人才规划，并抓好落地工作。

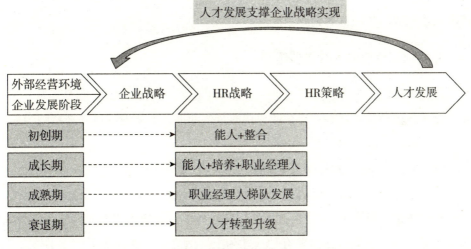

图 2-2　企业不同生命周期下的人力资源战略

2.1　初创期企业的人才招聘策略

1. 初创期企业的经营特点

企业在初创期，往往是从零开始，大多是在获得一定专有技术、一个新的点子创意后由个人独资、多人合伙或国家投资创建的企业，不确定因素多：财务方面实力单薄，风险管控能力较低；经营管理上没有成熟的模式及危机处理策略，制度几乎没有，集权化管理特征显著，经营和管理靠人治，但灵活性强，企业软硬件环境不好；产品与市场上处于市场切入、有服务无品牌阶段。在人力、物力、财力资源——特别是人才紧张的状态下，一切的经营目标就是如何通过"挣"钱"活"下来，企业希望快速切入市场，以尽快渡过创业期。

2. 初创期企业的人力资源特点

在初创期，企业的成长和发展必须拥有运作弹性和对市场变化的敏感性，但企业要建立起一套成熟的人力资源管理体系又很困难。具体表现为组织架构简单，责、权、利不清晰，企业文化还处于形成阶段，主要采用"事业＋亲情管理"，企业特别重视对此类关键人才的招募、留任与激励，会制定鼓励关键人才共同创业的激励措施，人力资源管理的重点也是如何通过招聘吸引优秀管理技术人才加盟，共同发展企业。

3. 初创期企业的人才发展策略

在这个阶段，为促进业务发展，企业人才战略的核心是以"能人"为主导，用"能人"拉动业务发展，让企业尽快渡过创业期。人才发展以外部招聘为主，集中一切有限资源招纳贤才。

（1）"求贤若渴，共同创业"的人才理念

经营企业的实质就是经营人才，对初创者来说，有梦想、有目标、有项目，而人才往往是"瓶颈"。人才在哪里？团队在哪里？如何去建设共同创业的团队非常关键。因此创业者必须要有"人才为上"的理念，才能吸引、招纳符合企业发展需要的人才加盟。自己是能人，招来的人不仅是能人，更是有共同梦想、共同价值观的能人。

以"事业"为目标招选能人、共同创业谋发展是此阶段的重点，因此这阶段一般均由老板自己亲自出去寻找目标、锁定目标，并亲自去说服人才加盟。这些人才一般是专才，在某一方面有较深的技术功底，招来就能用，并能创造价值。

（2）以"零成本"方式吸引人才应聘

为吸引人才应聘，受邀应聘人员的差旅费、住宿费、餐饮费等费用应全部由企业承担，包括邀请他们的家属参观工作环境和生活环境所产生的费用，且被录用人员报到后的一定时期内由公司安排食宿及服务保障。

（3）"以情为真"招聘政策

这里的"情"主要是指真情，尊重人才价值、给付待遇、提供平台，在协议内容上以尊重人才为主；在服务保障方面以关心人才为主；在发展方面以共享发展成果为主。一切政策以服务人才为主导。

（4）择机引聘校园人才

企业以长远发展的目光关注内部人才的培养，从院校招聘优秀校园人才来进行储备培养，既可降低用人成本，又便于企业文化的培育。

2.2 成长期企业的人才招聘策略

1. 成长期企业的经营特点

企业成功渡过初创期后，就进入了成长期。企业成长期可分为两个阶段：快速成长阶段和稳定发展阶段。在快速成长阶段，企业基本上形成了自己独特的经营模式和产品特点，取得了市场突破，市场竞争能力逐渐增强，发展速度加快。随着市场竞争者增多，产品市场份额增长速度放缓，企业进入了稳步发展阶段。这时企业在竞争中已经有了比较明确的市场定位，为了追求稳定发展，企业会不断寻求新的业务和新的利润增长点。企业管理层的决策管理和风险管控的能力较强，分权经营管理模式逐渐形成并得到逐步完善。

2. 成长期企业的人力资源特点

企业的组织机构逐步完善并成立了专业的人力资源部门，有专职 HRD 职位设置，企业领导者不再直接从事人力资源管理专职活动，人力资源管理开始有比较正式的政策和工作流程。此阶段人力资源管理的重点是逐渐向专业化、规范化、制度化管理转化。

3. 成长期企业的人才发展及策略

此阶段人才战略的核心是：从初期的"能人"战略逐步转向"能人＋培养"战略，即在继续发挥能人作用的同时，加强人才培养，并逐步完善人力资源管理体系：人才系统性发展，搭建 HR 管理体系、流程，提供人力资源解决方案，支持现业务和未来业务的发展。

（1）持续招聘结构化人才

在此阶段，由于企业要不断面对新的业务变化、新挑战和能力短板问题，结构性的人才缺口等矛盾日渐突出，而企业自身的人才培养能力有限，持续对外引进人才是人才发展的主要渠道。这时，引进什么人才、从什么企业去招聘人才就显得非常关键，此时应招聘那些具有先进企业背景经营管理经验或掌握核心技术并具备高度的企业文化认同感的人才，以此来加快企业人才结构优化与人才补充。

（2）加大后备人才的招聘和培养

考虑到校园人才的可塑性、快速成长性、文化认同性、稳定性等因素，企业应制定相应的校园人才招聘规划、策略以及招聘的校园人才结构，如院校的类别及层次、人才层次等，让优秀的、适合自己企业的校园人才源源不断地加入进来，并进行系统性培养，让其得到快速成长。

（3）完善绩效激励机制

形成绩效导向、价值导向的激励机制。企业要根据职位价值、贡献度和业绩来激励人才，向重点业务、战略业务单元、经营性质复杂、规模大、业绩贡献度高的业务主体和人才倾斜，向承担战略职能、产品研发、市场营销的人才倾斜，同时体现激励政策的市场特性，在满足各业务发展的同时，提高对关键职能核心岗位人员的长期激励。

（4）团队建设优化调整

企业的发展逐步由个人英雄主义向团队协同发展转变，创业的团队是否符合快速发展的要求需要去评估，若不符合就应及时优化调整。因此团队文化建设、团队角色搭配是此阶段的发展重点。

2.3　成熟期企业的人才招聘策略

1. 成熟期企业的经营特点

企业进入成熟期，无论是生产经营还是可利用资源都进入了最佳状态。这一时期可分为两个阶段：第一阶段称为成熟前期；第二阶段称为蜕变成熟化阶段。成熟前期是骨干企业向大型或较大型企业的演变和发展时期，成熟后期则是大企业向现代化巨型公司或超级大企业演变的重要时期，即蜕变成熟化阶段。两个阶段的最大区别就在于企业内部的多单位和职业经理阶层的形成。此时，企业已经走向内部单位的多元化和集团化，企业知名度和品牌美誉度达到最佳，企业能更有效地进行日常业务流程的协调和资源的有效配置，从而促进企业的持续成长。但在企业成熟后期，原有产品的市场已经饱和，生产能力出现过剩，企业效益下降，成本开始上升，企业内部出现了官僚主义倾向，信息流开始不顺畅，组织活力明显下降。经营策略为巩固现有业务或寻求多元化发展，体系管理及流程优化成为此阶级的管理重点。

2. 成熟期企业的人力资源特点

此阶段企业易出现骄傲自满、滋生官僚主义、创新能力下降的现象。由于挑战性减弱，很多经理人职业生涯遇到"瓶颈"，开始考虑跳槽。其人力资源的特点主要表现为：有成熟的企业文化，并影响和引导员工；整体员工流失率低，但核心人才或中高级人才开始流失；组织架构随着公司战略进行调整；人力资源管理制度完善并进入体系化发展；人力资源部机构设置向人力资源管理中心发展；保持组织活力及开发员工潜能成为人力资源管理的重点。

3. 成熟期企业的人才发展策略

成熟期企业的人才发展特点主要体现在以下四个方面。

（1）人力资源体系全面升级

此阶段，管理转向"科学化"，人力资源应逐步向战略人力资源管理转型，进入制度化、流程化时期。此阶段人力资源管理的重点是构建基于业务价值和员工满意度提升的人力资源解决方案，一切围绕业务、一切规范运作。

（2）人才梯队建设

通过系统化的人才管理机制，建立各级人才继任计划，设计基于职位胜任力的多层次、多方位的人才梯队发展体系，形成人力资源的"活源泉"，建立员工的轮岗机制、后备人才管理和梯队人才培养机制。

（3）长效的人才保留机制

如何持续优化人才保留机制、留住关键核心人才成为此阶段人力资源管理的关键。去掉"天花板"、留住好人才，这应着重做好以下几个方面的工作：注重内部文化的建设、注重员工的职业生涯管理；通过完善职业发展通道及任职能力体系做好后备人才队伍的发展；通过中长期激励机制等手段来系统性地保留人才。

（4）建立企业大学，加强人才培养

为进一步完善人才培养与培训体系，企业可以规划并建立企业大学，聘请优秀的管理者、技术专家为师任教、培养人才、沉淀知识，办成一个具有企业特色、为企业服务及培养优秀员工的企业大学。对内对外培养人才，使人才的发展社会化。

2.4　转型期企业的人才招聘策略

1. 转型期企业的经营特点

转型期的企业表现为：在成熟前期的企业未实现后期的蜕变而衰退下来，自然进入转型期；这时企业产品市场份额逐渐下降，新产品试制失败，或还没有完全被市场所接受，盈利能力降低并导致资金周转困难，负债增多，财务状况日益恶化。此时，企业的组织机构臃肿，官僚主义、本位主义盛行，冗员不断增多；企业内部开始派系对立，员工工作积极性降低、团队凝聚力减弱。此时，企业要么衰亡，要么选择蜕变。蜕变后，企业可能成为超级大型的集团企业，并进入新的成长周期。

2. 转型期企业的人力资源特点

在转型期，企业的战略重点是转型以实现第二次创业，由变革管理取代体系管理。人力资源管理也随之进入变革阶段，此时，人力资源管理的重点由"人力资源开发"向"如何留住核心员工及辅助团队实施变革"转型。优化人才结构、减少冗员、人才转型是人力资源管理在此阶段的工作重点。

3. 转型期企业的人才发展策略

为满足企业发展战略转型的需要，这一时期企业人力资源战略的核心是：

在业务转型的背景下确定人力资源管理的角色定位，以支持业务转型，逐步实现人力资源"业务合作伙伴"的职能，为业务提供有价值的人力资源解决方案，帮助企业成功转型。

首先，整合行业领军人物，推动企业战略与业务转型变革。

其次，要做变革的沟通者，上传下达，及时发现变革盲区。

再次，要创造学习型氛围，化理念为行动，持续学习、改进自我、接受变革。

最后，要让变革成为一种常态，渐进式推进，而不是偶然才发生的事件。

第三章

人力资源规划管理
——招聘需求有来源

3.1　HR 规划的概念特点

人力资源规划是指企业为实现战略发展、完成企业战略经营目标，根据企业内、外部环境和资源的变化，本着承接战略、资源充分利用、人力资源有效配置、持续提高投入产出绩效等原则，运用科学的技术方法对企业未来发展需要的人力资源数量和结构以及供给进行预测，制定的相应的使企业人力资源供给和需求达到最佳匹配的策略和措施。

前瞻性：人力资源规划是根据企业的发展战略、环境变化等情况，对未来企业人员需求数量及结构的预测，指导未来人力资源管理活动。因此，在制定人力资源规划之前，需要先对现有人力资源情况进行统计分析，再对未来进行分析预测，把握未来发展趋势，未雨绸缪。

持续性：人力资源规划是一项持续的工作，它不仅对未来几个月或一年甚至更长时间的人力资源需求进行预测，还要根据时间周期进行季度、年度规划、五年 / 十年中长期规划的管理，并根据经营环境变化及时进行滚动管理。

系统性：人力资源规划是企业发展战略总规划的核心要素，它向上承接企业的战略目标，与业务计划具有趋同性；向下成为人力资源其他业务的输入——它是企业招聘计划、发展计划、用工计划等工作的依据。

3.2　四步编制好 HR 计划

人力资源规划的制定要紧贴企业战略业务发展的方针和目标。通过厘清业务对人力资源在"组织、人才和文化"上的具体需求，从人力资源的各职能出发制订具体的实施计划来予以承接，并在此过程中注重自身的能力建设，形成承接人力资源战略及人才规划的人才招聘计划、培训计划和人才管理机制等。

3.2.1　企业战略解读

企业战略一般由业务战略和职能战略组成，不同的业务、不同的职能又有自己的战略，如职能战略中的HR职能战略。企业战略是对企业整体性、长期性、基本性问题的计谋。通过对企业战略目标及战略转型目标的解读，可以分析并形成人力资源的挑战及发展方向，进一步形成人力资源服务支持策略。

• **公司的战略定位**

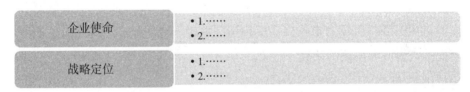

• **公司的战略目标**

图 3-1　公司战略解读

3.2.2　内外部环境分析

1. 外部环境分析

外部环境分析主要包含对国家政策法规、经济环境、行业发展情况、劳动力市场状况、人力资源规划情况等因素的分析。

国家政策法规：企业经营受国家和地方政治制度、方针政策和法律环境的影响较大，企业制定和实施的人力资源规划必须符合国家和地方政府发布的各项法律、法规，这是企业依法经营的前提和基础。

社会文化环境：社会文化环境包括企业所处地区的人口状况、受教育水平、宗教信仰、风俗习惯、价值观念等。社会文化环境影响到企业的文化建设及用人政策。

经济环境：企业所处国家或地区的经济环境影响企业的人力资源供求。因此，在制定人力资源规划之前，需要对经济形势、经济政策、消费物价指数等进行重点分析，了解这些经济环境因素对人力资源规划带来的影响。

行业发展情况：行业发展情况影响企业的战略选择，从而影响到企业人力资源战略规划。行业发展情况分析的内容包括行业特性、规模、数量结构、组织结构以及行业的市场结构分析等。

劳动力市场状况：由于区域经济发展的不平衡，劳动力资源会大量流入经济发达地区，使得劳动力市场供需不均衡现象越来越明显。经济欠发达地区企业会面临人力资源短缺的挑战。

2. 内部环境分析

内部环境分析主要包含对业务目标及计划、企业管理模式及组织架构、业务流程、制造技术等内容的分析。

业务目标及计划：业务计划包括市场计划、生产计划、制造规划等多个要素，是人力资源规划与布局，特别是市场人员、生产人员需求计划的主要依据。

企业管理模式及组织架构：企业会依据自身的发展战略设计不同的管理模式及组织架构，对人力资源的规划、职位设计、人力资源管理权限设计等内容，是非常重要的输入条件。

业务流程：业务流程与组织模式是相辅相成的，决定着人力资源流程及管理权限的设计。

制造技术：制造技术是影响生产人员规划的重要因素，当前中国劳动力成本日益提升，众多制造加工企业（如富士康）正在通过提高制造自动化水平来减少用工数量及降低人工成本。

3.2.3　人力资源战略制定

人才战略是企业战略的一部分，也是最终实现其他战略目标的基础。即使公司在竞争中胜出，也要明确在何种类型的人才上进行持续的投资，其目标是持续保证实现公司目标所需的人才的供给，同时使人才的投入产出达到最佳。优秀的人才战略规划应该解决的问题包含但不局限于：一是当前的问题——哪些是对人才特别依赖的部门？哪些是与最优人才相关的重要运营角色？领导者们需要哪些必备能力素质？业务需要由什么样的团队去领导？绩效目标要求是什么？员工的价值取向是什么？二是公司未来的战略发展需储备什么样的人？这些都是公司实现持续长远发展的关键。

一个好的人力资源战略，并不来自标准化、专业化的人力资源管理理论，而来自在对企业战略诠释的基础上制定的与之相匹配的人才战略以及相应的策略路径。通常，企业在不同的发展阶段有不同的发展战略，同样也对应着不同的人力资源战略与策略。

3.2.4 人力资源规划

人力资源规划与计划包含人员总量及结构计划、人工成本预算两部分内容。企业的发展存在生命周期性，处在生命周期的不同阶段，企业的资源配置状态不同，所选择的企业发展战略也不同。人力资源规划承接企业战略，因此在不同阶段的人力资源规划管理模式不能一成不变，而要根据企业周期发展特点及战略选择情况，变换管理模式。总体来说，人力资源规划管理模式分为"结构导向的人力资源规划"和"价值导向的人力资源规划"两种。

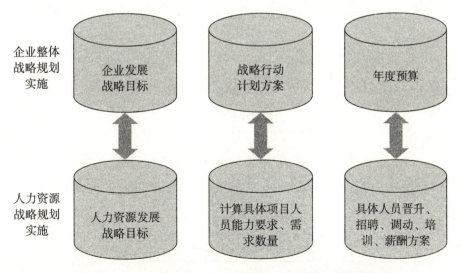

图 3-2 人力资源战略规划实施与企业整体战略规划实施

特定周期内，不同时间点，人力资源的数量和构成要求

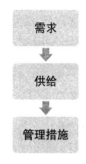

需求

↓

供给

↓

管理措施

人力资源规划（推动人与事之间的各自发展和优化组合）
1. 补充（含招聘、业务或人力外包）
2. 晋升（培养、评估、人才梯队建设）
3. 流动（含轮岗和内部调整）
4. 缩减（裁员或其他）
5. 员工激励与职业发展（士气与能力）

图 3-3　人力资源规划要点

1. 结构导向的人力资源规划

"结构导向人力资源规划"也叫正向人力资源规划，这种管理模式适用于职能和项目型业务，其核心是人员结构计划，它以满足业务发展为原则，对业务计划与人员配置进度的契合度进行滚动管理。"结构导向的人力资源规划"适用于发展周期处于初创期的企业和业务以及职能业务。这些业务的共同特点是无销售收入或者销售收入增幅变化较大，人工投入与业务收益的关系无法通过模型分析来进行定量预测。

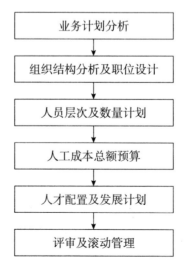

图 3-4　"结构导向的人力资源规划"编制流程

"结构导向的人力资源规划"在满足业务需求的职位分析基础上，对现有人员进行职位匹配性分析、对人员结构进行分类分级，同时制定相应的保障措施，进而与人工成本预算进行相互论证和修订，最终确定人员结构（数量、层次）计划、人工成本结构计划。

2. 价值导向的人力资源规划

"价值导向的人力资源规划"也叫逆向人力资源规划，这种管理模式与"结构导向的人力资源规划"的不同之处在于，"结构导向的人力资源规划"是先计划后目标，"价值导向的人力资源规划"是先目标后计划，即先建立人力资源规划目标，再对目标层层分解，确定人员计划、人工成本计划等。因此"价值导向的人力资源规划"的核心是确定企业的预算目标，包括劳动效率目标和人均人工成本目标，通过目标的不断优化，持续提高企业的竞争能力。"价值导向的人力资源规划"适用于发展周期处在成长期后期、成熟期和衰退期的企业和业务。这些业务的特点是组织机构、生产经营设备完善，业务有相应的市场指标（利润收入、市场占有率）。企业的发展目标是持续提高企业的规模和盈利能力。"价值导向的人力资源规划"并通过横向对比内、外部标杆，纵向对比自身历史情况，确定具有竞争力的管理目标，并以此分解制订总量和结构计划。

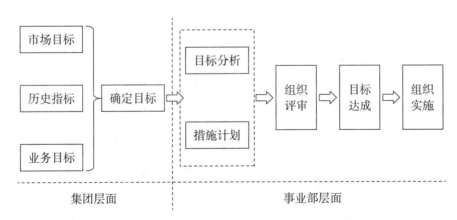

图 3-5　"价值导向的人力资源规划"编制流程

无论是"结构导向的人力资源规划"还是"价值导向的人力资源规划"，最终都要定岗定编。定岗定编是业务目标的落实和员工数量的匹配，包括现有人员定岗定编情况以及新增业务的岗位设置情况及定员计划。

表 3-1　定岗定编明细表

部门	科室	岗位名称	岗位类别	岗位层级	现有人员数量	××年定编计划		
						计划人数	比现有人员差异	补充渠道

3.3　人才发展的内调外招

　　招聘计划是指公司在人工成本预算下，按照人员编制计划确定的人员需求计划。招聘计划可以明确招聘的整体需求、各部门人员组成，并且能对整体人员配置、素质结构、人才梯队建设等进行综合的分析和评价。为了保证招聘工作的计划性，公司通常在岁末年初进行人员需求计划的制订。另外，人力资源部在做招聘计划的时候，要考虑公司人员异动（晋升、调岗、离职等）因素的影响。此外，招聘计划的人员需求确定后，还需要进行招聘工作计划的分解，确定人员招聘的渠道，包括内部推荐、外部招聘、猎头、校园招聘等方式。

　　企业人力资源部门应着眼于企业发展战略，以业务发展需求为导向，根据自身业务特点，从绩效结果、胜任能力、发展潜力等方面盘点现有人才的匹配情况，制订人才发展计划。具体包含人才的分类结构、层次结构、素质结构、能力结构等内容，并以此为基础，进一步制订内部人才开发计划、外部人才招聘计划、后备干部储备计划等人才发展策略。

1. 内部人才开发计划

　　根据人力资源定岗定编计划，厘清岗位空缺情况，从内部人才资源和招聘成本上来看，首先要看企业内部是否具有合适的人员来补充空缺，通过内部招聘调配渠道来寻找合适的候补人选。

（1）空岗的内部调配计划

企业中某些岗位更适合从内部选拔人才。对于这些空岗，企业应定期发布内部招聘计划，由各单位组织竞聘，员工可根据自己的意愿和岗位匹配度进行报名。这种方式给员工提供了各种通道和动力源，使企业员工处于一种持续的激活状态，调动了企业全员主动参与人才开发的积极性，让员工从人才发展角度看到未来的发展空间，从而把自己的职业愿景和企业的发展连接起来，将自己的价值同企业价值有机结合。

（2）富余人员的优化计划

将因组织和业务调整、职位调整、考评不合格、不胜任现岗位等原因导致免职降薪、再聘任新职务或无接收单位的人员统一归入内部人才市场，按人才市场化机制进行入库、在库和出库管理。

2. 外部人才招聘计划

外部人才招聘，是指根据招聘计划及流程，从企业外部招募符合空缺岗位要求的人才。通过外部人才招聘，可以为企业增加新鲜血液，了解外部信息，为企业带来先进的技术管理理念、方法和工作经验，缩短人才培养周期，快速推进业务发展，同时激发内部人才的潜能。外部人才招聘的来源主要包括校园人才招聘和社会人才招聘。具体招聘什么样的人、招聘数量的多少，要根据人才规划和人才盘点内部调整的结果来确定。

要想真正做好人才招聘规划，首先要理解公司的战略和人才发展的策略、掌握人力资源规划。否则，作为招聘管理者就无法了解企业现在、未来的人才需求方向，就会导致招聘方向出现偏差、脱离业务部门用人实际，又何谈支持业务发展？

案例 1

随着世界各国对改善环境的呼声日益高涨，各种各样的电动汽车脱颖而出，但电动汽车的电池技术却阻碍了电动汽车业的迅猛发展。在此背景下，某大型外企汽车零部件制造业 A 公司顺应市场发展趋势，在公司年终总结会议上提出在未来一年增设混合动力研发小组并希望看到成果。

计划确定后，研发中心按公司内部招聘流程向人事部递交招聘申请。人事部在接到研发中心递交的招聘申请后，首先对公司的战略规划进行了详细的了解、对公司内外部相关人才市场行情进行了调查与了解，并对公司混合动力研发小组所需人员进行了预测。根据人事部预测，所需人员数量为研发中心提出招聘人员数量的1/2。且所需研发人员并不一定全部都需要从外部招聘，公司内部研发中心也有几位员工可以加入混合动力研发小组。人事部根据自己调研的结论与研发中心又进行了进一步的讨论，最终确定招聘需求人员缩减30%，且混合动力小组成员可从研发中心内聘10%。

在确定人力资源需求后，人事部结合此类人才的特点，制定了几条招聘线路：一、通过猎头寻找混合动力研发小组组长；二、人事部同步刊登网络招聘；三、人事部组织公司内部研发人员进行内聘；四、做好公司内部人员内聘成功后的补充规划。同时制订了详细的招聘计划表，对于每月要招聘的人员数量都做出详细的规划。

经过两个月的努力，公司混合动力研发小组组建完成。人事部针对新员工的特点，设计了适合他们的培训计划，包括公司研发战略的培训、专业技术的培训。另外，也通过他们开设一些培训课程，对公司内部其他研发中心同事进行混合动力开发的培训，以便在混合动力研发小组人员离职时，做到快速的补位。

人力配置

通过工作分析结合经验，确定编制、编制岗位说明书、明确招聘需求。

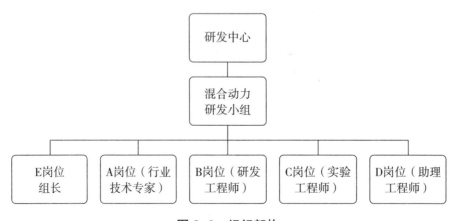

图3-6 组织架构

表 3-2　岗位任职资格表

	专业技能 1	管理技能 2	通用技能 3	个性物质	其他岗位（关联）
E 岗位	……	……	……	……	
A 岗位	……	……	……	……	
B 岗位	……	……	……	……	原××× 岗位 + 专业技能 1 的部分
C 岗位	……	……	……	……	原××× 岗位 + 通用技能 3 的部分
D 岗位	……	……	……	……	

招聘计划

根据公司战略规划、研发中心对混合动力研发小组组建规划，以及内外部人才供应，制订招聘计划。

表 3-3　招聘计划实施跟进表

混合动力研发小组	人数	招聘方式	内部招聘完成调动时间	外部招聘完成时间
组长	1	外部招聘猎头（猎头）		3 月
A 岗位	2	外部招聘（网络 / 市场）		3 月到位 1 人 4 月到位 1 人
B 岗位	3	外部招聘 内部招聘（1 人）	3 月	4 月到位 1 人 5 月到位 1 人
C 岗位	4	外部招聘 内部招聘（1 人）	4 月	3 月到位 1 人 5 月到位 1 人 6 月到位 1 人
D 岗位	3	外部招聘 内部招聘		3 月到位 1 人 5 月到位 1 人 6 月到位 1 人

入职服务与培训计划

试用期第 1 个月：完成录用与入职，适应公司文化和部门。

试用期第 2 个月：制订试用期发展计划和试用期考核指标。

试用期第 3 个月：试用期结果评估，沟通及发放转正通知。

表 3-4 入职培训计划表

培训计划						内部导师
类别	培训课程	培训对象	培训目标	老师	评估方式	
专业技能系列		＋老员工				导师团队及分工（产品项目、流程、答疑人）
管理技能系列						
通用技能系列		＋老员工				

案例 2

2018 年年初，M 公司成立人力资源部。在人员招聘上，由用人部门随时提出人员需求、分管领导审批、人力资源部组织招聘。2018 年年底，公司财务部提出，公司人工成本占比过大，公司不应该随意扩大人员规模。公司组织管理层会议讨论决定，2019 年的人员招聘要按照公司的招聘计划来执行。人力资源部在 2019 年年初完成人员招聘计划的收集。

做好人员招聘计划主要工作包括以下几点。

➢ 人力资源部和财务部确认 2019 年的人工成本，确定初步整体人员规模。

➢ 人力资源部收集用人部门的人员需求计划。

➢ 在整体人工成本和人员编制计划下，人力资源部与用人部门沟通确认人员的新增需求。

➢ 结合公司发展的规划和新产品、新市场、新项目的需求，整合最终的人员需求计划，形成年度的人员招聘计划。

第四章

职位任职资格管理
——评价能力有标准

职位是组织机构的基本单元，也是战略执行与承担的基点。职位管理有效衔接了人力资源管理与业务发展的双向需求，也是有效联系人力资源管理各模块功能的纽带，如图 4-1 所示。

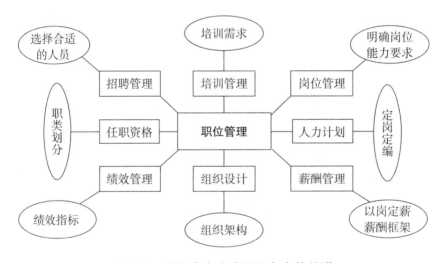

图 4-1　职位在人力资源业务中的关联

企业为什么招聘人员？因为岗位空缺，而招聘什么水平的人员只有对标任职资格标准才能招到适合的员工。因此，职位与任职资格标准是员工招聘选拔的标准。

4.1　职位管理相关概念

组织：是为实现企业或部门目标，以工作流程、信息流程为基础，通过分工与协调，使承担一定责权角色的人整合起来的有机体。组织机构通常分为：职能型、事业部型和矩阵式组织。

组织架构：组织按照不同的目标和任务分工，形成不同组成单元的具体形式。

职位：由许多相同的岗位归集而成，这些岗位的性质、类型完全相同，完成工作的所需条件也一样。

职位族：根据工作内容、任职资格或者对组织贡献的相似性而划分为同一组的职位。职位族的划分常常建立在职位分类的基础上。

岗位：指员工所担负的一项或数项相互联系的职责，岗位与个人是一一匹配的。

职位价值：就是职位的贡献度，即一个职位对组织的贡献程度大小，是排除员工的能力、素质影响的单纯的职位价值。

职位评估：是指在工作分析的基础上，采取一定的方法，对岗位在组织中的影响范围、职责大小、工作强度、工作难度、任职条件、岗位工作条件等特性进行评价，以确定岗位在组织中的相对价值，并据此建立职位价值序列的过程。

任职资格：是指为了保证工作目标的实现，任职者必须具备的知识、技能与能力要求（专业、工作经验、工作技能、能力 / 素质等）。

4.2　职位架构及其设计

4.2.1　科学设计职位架构

职位架构设计，主要通过明确各岗位针对企业战略目标实现的贡献度（岗位的相对价值），使组织价值与各类工作岗位相适应；根据企业内组织价值建立一套连续的职位等级，从而形成职位架构、明确员工的职业发展和晋升途径，便于员工理解企业的价值标准，引导员工朝更高的层次发展。具体可以先将组织中的各项工作内容划分为若干职位序列，如管理、职能、业务、销售、生产等，有必要的再在职位类下细分出职位子类。最后以这些序列或子类为基础，划分出不同层级，而所谓职位，就是由其所在"职位类"与"层级"共同确定的。这种方法的特点在于打破了部门界线，在设计职位时以满足组织的需要为根本。其优点不言而喻——在组织发展过程中，部门可能经常发生变化，而职位可以保持相对稳定，以 ×××× 公司的职位架构图为例。

分类	职位架构	××××公司				
		研发	工艺	营销	行政人事	……
管理类	总经理级	总经理				
	副总经理级	副总经理		副总经理	副总经理	
	总监级	总监	总监	总监	总监	总监
	部长级	部长	部长	部长	部长	部长
	副部长级	副部长	副部长	副部长	副部长	副部长
专业类	六级	专家	专家			
	五级	高级主任工程师	高级主任工程师	高级主任营销经理		
	四级	主任工程师	主任工程师	主任营销经理		
	三级	高级工程师	高级工程师	高级营销经理	高级行政人事主管	高级主管
	二级	工程师	工程师	营销主管	行政人事主管	主管
	一级	助理工程师	助理工程师	营销专员	行政人事专员	专员
	见习	见习研发专员	见习工艺专员	见习营销专员	见习行政人事专员	见习专员

图 4-2　职位架构

职位评价，即在工作分析所提供的职位信息的基础上，对职位的价值进行评估，建立组织的职位价值序列（如图 4-3）。

任职资格与职位标准的设计应考虑专业级别，各模块必须考虑级差，这是任职资格标准设计的核心，既要考虑到各个等级行为模块之间的互补性，也必须考虑到各个级别之间行为模块的差异性，以招聘业务举例。

表 4-1　按照专业级别设计任职资格行为标准

级别	对象	模块1	模块2	模块3	模块4	模块5
4级	招聘经理	人力需求规划	聘用资源规划	面试方法及流程优化		招聘体系建设及优化
3级	招聘主管	需求与计划制订	招聘项目及资源策划	面试活动策划	转正标准评估	流程制度建设及优化
2级	招聘专员	需求调研及整理	招聘活动实施	面试实施	试用期管理	招聘流程制度建设
1级	招聘助理	收集需求	协助招聘活动实施	面试支持	录用及试用期手续办理	

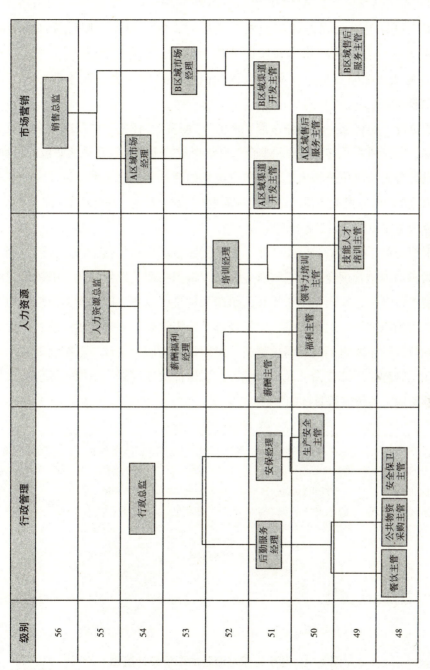

图 4-3 职位价值序列

4.2.2　职位设计要素流程

组织设计是对公司总体组织构架的规划，组织设计是职位管理的一项关键性工作。合理的职位体系应以战略为导向、以组织为基础、与流程相衔接，是企业战略目标、文化、流程和组织机构向人力资源管理各大模块过渡的桥梁。

职位设计是将某一项工作按照"职能""职责""任务"的层次关系，对工作流程、责权利关系进行划分和整合，最终形成若干个相互联系的职位的过程。职位设计首先从职位分析入手、从整个组织的愿景和使命出发，设计一个基本的组织模型。然后根据具体的业务流程需要，遵循系统化、最低职数、高效配合、适当管理宽度原则，设计不同的职位。

组织变动包含"组织模型变化"和"实体组织变动"两个概念。组织变动的最大驱动力是管理变革，它将首先驱动"组织模型"发生变化，引领组织向该模型进行迁移，从而使基于流程的组织架构进行变化，即"实体组织变动"。其中"组织模型"由组织形态、组织规模、组织绩效三部分组成。组织流程与关键职位设计主要包括战略需求解析、组织机构与职责设计、组织绩效 KPI 设计、职位管理、干部任命、人员调配等，它保证战略规划—组织—职位—人员的逐层落地，关键流程具体如下。

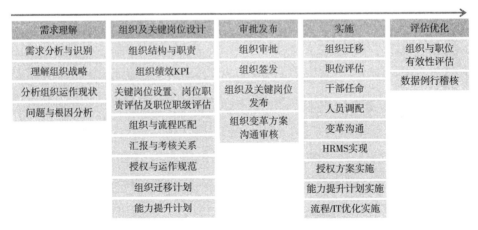

图 4-4　基于组织与流程的职位设计流程

4.3　职位任职资格认证

职位任职资格管理紧密围绕业务活动，解决"某一职位应该做什么"和"什么样的人来做最适合"的问题，为招聘选人提供甄选的效度。职位任职资格管理可以提供：在岗人员的必备技能、应知应会知识、空缺岗位与应聘人员的匹配度、考试、面试需考察的内容、个人职业发展通道。

人员的招聘、录用主要解决的是人岗匹配度问题，这将直接关系到组织未来的发展潜力，但我们如何从大量的求职者中甄选出合适的人才呢？这就需要招聘管理者对职位工作的内容和所需人员应具备的岗位任职能力标准有清晰的了解，并根据这些任职要求通过甄选工具（包括笔试、面试、专业测试等）进行有效的设计。

4.3.1　职业发展通道规划

由一系列工作内容相近或相似、满足职位要求的职位任职者所需的知识、技能，领域相同或相近的职位组成的职位归类集合成为职位类，再进一步细分，形成职位子类，横向分类，纵向分级。任何一位员工都隶属于某一族群的某一类，是职业发展通道设计的基础。

4.3.2　职位任职资格标准

通过职位分析，明确职位、职能职责及职位所要求的能力等级，提炼岗位胜任能力标准，建立基于职位的能力素质模型。任职能力标准是对成功完成某一范围内工作任务或目标所要求的必备经历、关键技能、必备知识的提炼、总结，反映员工的职位胜任能力并激励员工不断提高职位胜任能力。它针对行为要项和行为标准项提炼技能标准和知识结构及知识标准，不断牵引员工终生学习、不断改进，保持公司的持续发展。

4.3.3　职位任职资格认证

根据"五公开"与"四依据"的认证原则，以职位管理为基础，以任职能力为核心，关注绩效优秀的员工，通过以下四个步骤对员工的任职能力进行认证。

4.4 职位任职资格应用

4.4.1 人才盘点的依据

人力资源部门根据组织特性和业务发展需求，通过任职资格认证结果进行人才盘点。人才盘点的组织要从下到上、一层层逐步展开，以职位规划为标准，建立各职位的能力任职资格标准，分析部门职位与人才结构匹配的现状，结合年度绩效结果和业务发展需要对人才结构的需求差异，进行合理配置和优化。

4.4.2 员工培训的依据

通过建立各专业清晰的任职资格标准，牵引各技术专业领域人才发展，变"要我学"为"我要学"。通过人岗匹配环节，分析业务活动能力要素与员工能力的差异，输出必备知识培训需求，建立任职培训课程开发体系。

4.4.3 晋升及薪酬激励

通过先上架、再上位、再上岗的管理方式，将"评"与"聘"分离，引进科学人才管理的选拔、任用与晋升，同时建立以岗定级、以级定薪、人岗匹配、易岗易薪，鼓励优秀人才脱颖而出的激励机制。

4.4.4 人才招聘的依据

人才招聘，就是按照"岗得其人、人适其岗"的原则，根据不同个体间不同的能力素质将不同的人安排在各自最合适的岗位上，从而做到"人尽其才，才尽其用"。关于如何做好招聘甄选，人职有效匹配是至关重要的环节。明确招聘甄选的目的是区分应聘者的能力是否与招聘岗位匹配，而非选择最优者，可以规避人才的高消费。

在企业内部同样需要对人员能力与职位标准进行人职匹配评估，将所有员工都匹配到初始化后的岗位体系之中，对低配人员进行针对性培养、快速提升，对高配人员进行优化调整、发挥最大效用，使任职者的能力与岗位需要相契合，并最大限度地发挥任职者的才能。这样就能在最大程度上挖掘人员的潜能并最大限度地调动人员的工作积极性，从而实现人员配置的持续性。

表 4-2　人职有效匹配结果表

分类	人职匹配评估结果描述	匹配结果	调整措施
a	任职者所从事岗位的职级低于本人的层级	高配	将现任职者匹配到与任职者层级相对应的岗位上或拓展岗位职责，调整岗位级别设置，赋予其更高级别的业务要素
b	任职者所从事岗位的职级与本人的级别，相互匹配	平配	保持不变
c	任职者所从事岗位职级高于本人的级别	低配	将现任职者匹配到与任职者层级相对应的岗位上，若无合适人选，则通过加速培养，使员工快速成长、满足岗位要求

优秀员工是企业最重要的资本，招聘到优秀人才，主动介入员工的职业生涯规划和管理，培养员工对企业的归属感和认同感，是实现企业内部人力资源的培养和使用，以及调动员工工作热情和充分激发员工潜能的重要手段，并能满足企业与其所属员工双方发展的需求，实现员工不断成长、企业不断发展的目的。同时，企业要创造个人职业生涯发展空间，为员工建立职业生涯发展规划，帮助他们向更高的层次发展。

第五章

员工绩效考核管理
——衡量价值有标尺

评价一个人的能力的最终标准是绩效。如果一个企业新招聘的人才达不到岗位设计的绩效目标，或者是双方约定的绩效，则此招聘是不成功的。对于企业招聘人才，特别是高端人才来说，如果没有绩效目标的约定，如何去评价给予的职位和付出的成本是否值得？人才要求高平台、高待遇，企业追求高回报，如何折中达成协议？所以，要在谈协议时明确双方的责权利，好的绩效目标就非常关键。招聘管理者如果不懂得绩效管理，就不可能建立起招聘职位的绩效目标，就无法与候选人交流绩效文化、绩效合约、绩效激励等。

5.1　什么是绩效管理

1. 绩效与绩效管理

绩效是为了实现组织目标而展现在不同层面的有效价值输出，可以定义为"个人、团队或组织从事一种活动所获取的成绩和效果"；绩效既可以是完成的工作任务、工作结果或产出，也可以是行为和能力绩效。

绩效管理是为了保证企业战略目标达成，通过一套完整的管理和激励体系促进个人目标融入组织目标、组织目标落实到个人目标、为企业创造更高价值和更快发展的科学管理方法。

2. 绩效管理五导向

企业的存在就是不断创造价值、创造业绩。企业推进价值管理的方式有很多种，其中推进绩效管理是较好的方式之一，它在企业管理中包含五大导向，如图 5-1 所示。

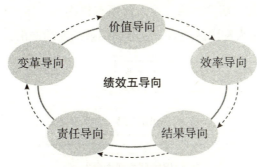

图 5-1 绩效管理五导向

价值导向：绩效管理体系的核心理念是价值导向，如果说不创造价值、不赚钱的企业就是一种"罪恶"，那么没有价值的绩效管理就是"罪恶之源"。企业的价值来源于客户价值的满足而客户价值来自员工价值的结果，企业的价值、客户价值和员工价值是绩效管理价值导向的"铁三角"。

效率导向：绩效管理就是管理业绩和效率，企业的核心竞争是绩效的竞争。在竞争激烈的市场上，如何快速提升市场占有率、获得顾客的信赖？如何快速提升员工的业绩和能力、满足企业发展的需求？这些都体现在企业"效率"的提升上。很多企业通过强制分布的"活力曲线"和"绩效—潜能"九宫格来有效识别高价值、高绩效员工和低价值、低绩效员工，促进人才健康有序地发展。

结果导向："一切以客户为中心"，为客户创造价值就是企业的生存之道。过程漂亮，结果不漂亮也是零，而绩效管理中的绩效结果应用就是绩效管理的精髓和价值所在，它让大家重视工作成果、为结果而努力工作、让滥竽充数的人不复存在，牵引大家为目标而战。

责任导向：中国有句老话："一个和尚挑水吃，两个和尚抬水吃，三个和尚没水吃。"没水吃的本质问题就是责任缺失。在绩效管理体系中，无论在对员工、部门、管理层制定绩效考核指标时，均应匹配明确的责任，只有责任明确了，企业和管理者才能找到其问题所在。

变革导向：拥抱变化是企业应对市场环境的最佳方式，因此企业只有不断追求创新变革，才能持续创造更好的业绩。

3. 绩效管理在人力资源管理中的地位

绩效管理体系是整个人力资源管理系统的中枢和关键，它将企业职位体系、能力体系、薪酬体系、培训体系、用人体系有机连为一体，相互促进，从而激发员工活力、提高个人和团队绩效、创造高绩效的业绩产出，如图 5-2 所示。

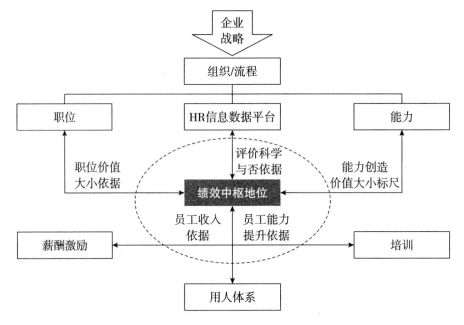

图 5-2 绩效管理在 HR 管理中的地位

5.2 考核结果的应用

绩效评估能否成功地实施，很关键的一点就在于绩效评估的结果如何运用。如果运用不合理，那么绩效考核对员工绩效改进和能力提升的激励作用就得不到充分体现。

1. 用于员工薪酬调整

绩效考核结果运用于薪酬的调整一方面体现在工资调整上，即对绩优员工进行薪酬增长激励，降低绩劣员工绩效工资，督促员工不断提升绩效，从优秀到卓越；另一方面体现在奖金的分配上，即与员工共享组织目标达成的红利，牵引激励员工不断提升个人绩效以实现组织中长期目标。

2. 用于识别培训需求

企业管理人员以及培训负责人在进行培训需求分析时，应把绩效考核的结果以及相关记录作为一个重要材料进行深入研究，从中发现员工的表现和能力与所在职位要求的差距，进而判断员工是否需要培训、需要什么方面的培训。

如果存在态度问题，那么可能需要的是如何引导认同公司的价值观，普通的培训是不奏效的；如果是技能不足，那么开展一些再培训或专门训练就会得到解决。总之，这些都是绩效考核的作用，其目的是帮助员工改善和提高绩效。

3. 用于进行人事调整

绩效考核的结果为员工的晋升与降级提供了依据。对于绩效考核成绩连续优良的员工，可以将其列入晋升的名单；但对于连续绩效不良的员工，就要考虑降级或者辞退。

对于绩效不良的员工，要通过绩效考核以及面谈找出原因，如果是由于不适应现有岗位而造成的，则可以考虑通过岗位轮换来帮助员工改善。

4. 用于员工职业发展

员工在实现组织目标的同时，也在实现个人的职业目标。考核作为一种导向和牵引，明确了组织的价值取向。因此，考核结果的运用一方面强化了员工对公司价值取向的认同，使个人职业生涯有序发展；另一方面，通过价值分配激励功能的实现，使员工个人的职业生涯得以更快发展。而个人职业生涯的发展，又能够反过来促进组织的发展。

5.3　新员工绩效评价

对招聘的新进人员进行绩效管理是检测招聘效果、改进招聘工作的一个重要且有效的手段，新招聘人员究竟如何？和面试时看的是否一样呢？新进人员的试用期表现、协议期表现与面试表现的差距是多少？这些客观信息，只有通过绩效评价与管理才能获取，并对今后的招聘改进提供参考。此外，试用期的绩效评价还是在员工是否能够转正、转正后定岗定薪、避免劳动纠纷等后续管理过程中可能遇到的问题的客观依据。

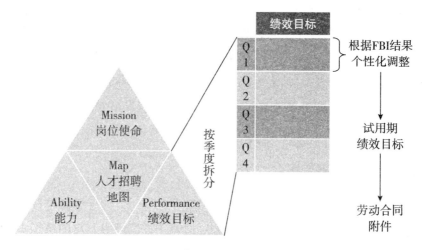

图 5-3 试用期绩效目标模型

5.3.1　新员工绩效目标

第一，需要用人部门、招聘人员、人力资源部三方共同参与，依据招聘岗位的职责、同岗位业绩优秀人员绩效、招聘预期等综合考量，制定协议期绩效合同，包括试用期目标、协议期目标，经三方签字确认后一式三份存档。

表 5-1　新聘人员绩效合同表

协议期绩效合同（1年）				表号：		
				生效日期：		
姓名		岗位 / 职级		所属单位		
考评时间	目标责任	权重	评价标准	完成时间	目标完成进度	
					试用期	协议期
一年协议期内容	1					
	2					
	3					
	4					
	5					

第二，由用人部门与人力资源部根据企业管理流程实际拟定绩效考核指标与标准，经签字后给招聘人员作为参考，期满考评。

第三，用人部门与人力资源部拟订招聘人才培训计划，做好入职、岗前培训。

第四，过程中用人部门负责人要做好日常的监督与指导，试用或协议期满由人力资源部组织进行试用期绩效评价，用人部门对新进人员进行绩效评价，评价结果合格后转正，定岗定薪。协议期绩效评价主要以双方签订的绩效合同为依据，从员工的个人素质、工作态度、工作能力、工作业绩四个方面进行评价，以评价结果作为人事调整、薪酬调整、协议奖金发放等的依据。

5.3.2　绩效结果决定上岗

通过绩效管理能识别优秀人才，并激励内部人才不断成长，同时能吸引外部优秀人才，使人力资源满足组织发展的需要，促进组织绩效和个人绩效的提升。在对外部人才的招募中，候选人个人的能力、水平和素质对绩效管理影响很大，人员招聘选拔要根据岗位对任职者能力素质的要求来进行，同时也可从现有员工的绩效管理与考评记录中，总结出具有哪一些特征的员工适合本企业。

第六章

员工薪酬福利管理
——聘才谈薪有依据

对于应聘者来说，最关注的无非是两点：职业平台、薪酬福利待遇。有竞争力的薪酬福利待遇是企业吸引、获取，以及留住优秀人才的重要条件。对于人才招聘来说，薪酬福利谈判是成为"临门一脚"，决定着能否签约。如何在博弈中找到既能使候选人接受又能让企业认可的待遇条件？抓住对方最关注的需求点去说服优秀候选人认可是企业招聘人员必修的功课。招聘人员并不需要掌握非常专业的薪酬管理知识，但是必须掌握一些薪酬福利的政策制度框架、激励体系与文化，以便在面试和协议沟通过程中更好地了解候选人的诉求。

本章从招聘业务的视角出发，重点对招聘管理者需要掌握的薪酬福利管理的相关内容进行概述。

6.1　薪酬福利基本概念

薪酬就是企业向劳动者支付的劳动报酬，是企业与劳动者双方就劳动者付出的劳动进行核算交易的价格。薪酬按其内涵分为狭义薪酬和广义薪酬（又叫360度薪酬）。

狭义薪酬：指的是员工获得的以工资等现金或实物形式支付的劳动回报等经济性薪酬。包括基本工资、月度奖金、年度奖金、现金补贴、保险福利、带薪休假、利润分享以及股权激励等。

广义薪酬：包括经济性薪酬和非经济性薪酬。经济性薪酬如狭义薪酬所述，非经济性薪酬包括工作认可、挑战性工作、工作环境、工作氛围、发展、晋升机会、能力提高以及职业安全等。

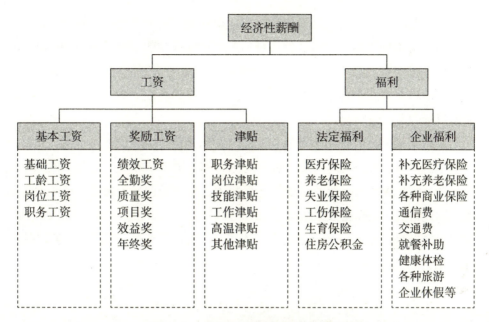

图 6-1　企业经济性薪酬构成示意

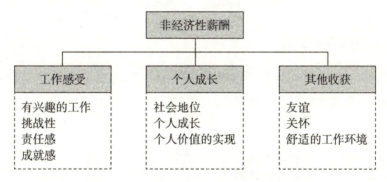

图 6-2　企业非经济性薪酬构成示意

6.2　薪酬福利结构设计

薪酬结构一般包括固定薪酬及变动薪酬。

固定薪酬包括月度工资和补贴。月度工资以岗位价值为基础，只与员工的考勤情况相关，不受企业经营情况的影响；补贴是企业为提高员工的生活标准而发放的各种补助。

变动薪酬包括当期变动薪酬和长期变动薪酬。当期变动薪酬是以月度、季度或年度为考核周期，将员工的薪酬与企业绩效挂钩的一种薪酬激励模式。长期变动薪酬包括股权、期权等，是企业为了激励经营管理者与员工共同努力、使其能够稳定地在企业中长期工作并着眼于企业的长期效益，以实现企业长期发展目标的薪酬激励模式。

薪酬结构项目的作用各有侧重。固定薪酬是员工生活的基本保障，对员工的吸引力最强；当期变动薪酬与员工的努力和业绩密切相关，对员工的激励效果最强；长期激励与企业的长期发展强相关，企业长期发展越好，员工收益越大，因此对员工的保留效果最强。

薪酬结构的设计应结合企业的具体情况，考虑哪些项目是重点、哪些项目要弱化，甚至不设计。

6.3　用好"协议"薪酬

1. 政策体系工资制

政策体系工资制是依据一定规则（按岗位、按能力、按绩效）搭建起来的工资体系，其考虑对象是工作要素，而非具体的某个人。

2. 协议人员工资制

协议人员工资制，也叫谈判工资制，即按"人"来进行谈判，"一人一议"，它是指在工资评定过程当中，企业通过对人才的能力以及该类人才市场公允价值的评估，经由谈判并最终以协议的方式确定薪酬水平标准的工资模式，其设计考虑的对象是某个具体的个人，而非工作要素。协议工资制主要针对的是企业外聘的关键核心骨干和市场稀缺人才，其设计成功与否的关键在于能否提供一个与人才自身市场价值相匹配的薪酬水平。

企业招聘管理者不仅要了解候选人所在行业的薪酬水平、评估候选人自身的市场价值，同时还需要兼顾外部招聘人才与内部人才的矛盾，在吸引市场稀缺人才的同时考虑到外招人才的薪酬水平对内部平衡的冲击，才能保持企业内部各个岗位、各类人才之间有序、良好的环境。

第七章

制订人才招聘计划
——人才发展解决方案

 实战案例

这是什么招聘计划?

2018 年 10 月,某公司召开年度人力资源计划评审专题会,各业务主体、职能部门对下一年度的业务计划目标及经营策略、措施进行汇报评审。大会一致认为,企业未来业务的发展目标将是互联网、结构调整、产业升级等。虽然该公司长久以来一直在推行业务转型、推进全球化战略布局,但现在的能力仍不足以满足未来发展的需求,这是各业务一把手的共同认识。特别是围绕互联网、智能制造、产业升级业务,公司的结构性能力不足、人才结构不合理的矛盾突出。而且,公司缺少拥有创新思维、可以持续推进先进技术创新变革的人才。

在老板的主持下,会上大家为如何发展业务、如何提高效能,以及如何提高能力进行了深入讨论,并纷纷提出问题、发表建议,渐渐地,大家把业务的问题集中到"人"的问题上。有的业务领导提出,之所以近几年业务转型推进缓慢、未达预期,主要是因为人的能力不够,最直接的原因是外面的优秀人才招不到位、招来的人不好用,内部人才又培养不出来,无才可用。有的领导说,是 HR 部门没有定位好人力资源战略和人力资源规划,没有针对业务问题来分析人才缺口并进行有针对性的招聘、选拔和系统性的培养人才,导致人才发展一直滞后于业务发展的需求,业务开展非常被动……接着老板让 HRD A 先生汇报年度人力资源计划。A 先生将年度绩效目标运行情况、各业务单位的人力资源经营和人才需求情况等方面进行逐一汇报并提出了下一年度的人力资源经营方针目标、人力资源需求总量及结构计划,以及相应的人力资源管理的措施。A 先生汇报完后,老板让各部门对此计划提建议。B 业务刘总经理率先发言:

"我们根据业务提出的人才需求计划怎么与你汇报的不一致？"C业务张总经理提出："我们需要外招互联网的人才怎么变成IT运维人才了？"各业务部门负责人各抒己见、各自发表疑问，纷纷把矛头指向A先生。此时，座上的老板越听越不是味儿，于是打断了大家的提问，直接问A先生："我们的人才到底哪里出了问题？是总量不够？结构不合理？还是机制有问题？我们到处都是人，人多的是，却为什么还是无人可用、效率低下呢？你说说2019年及今后的人才需求怎么解决？你的2019年招聘计划是怎么编制出来的？外部的人才市场是何变化的？通过什么途径去把各业务单位所需要的人才弄清楚并招聘进来？这些你的招聘计划报告里都有吗？"一连串的质问让A先生手足无措，他望着老板，看着手里剩余的几页PPT，一时也不知从何处开始回答。老板此时大发雷霆，狠狠地批评了A先生，并要求重新编制人力资源计划，并再次上会汇报评审。

老板为什么发火？其实仔细来想，业务推进缓慢是有各方面原因的，内部，有能力的问题，也有人的问题，外部，也有可能受经济环境大气候的影响，等等。总之，企业业绩不好是由各方面原因造成的，关键是要找到真正的问题所在。即便是人的问题，选用育留人才的重任也并非全应由人力部门承担，各业务负责人本身就应是本单位的HR第一人。然而前面评审会中大家却无视自身管理方面的问题，而借题发挥说人力资源部门，让HRD A先生承担了业务不好所有的原罪。当然，老板所说的也并非全无道理。人力资源部门虽然是为企业战略和业务部门提供解决方案、为他们服务的，但也不能仅作为业务部门的附属存在，而应当主动去诠释公司战略、深入了解各部门业务，并在此基础上，协助业务部门开展有利于公司业务发展的人力资源管理活动，帮助制订解决方案推进实施。鉴于此，HRD和HR部门就要明白以下几点：企业战略和业务规划是整个人力资源解决方案的输入来源，人才战略、人才纲领是指导HR人才发展工作的方针指南，人力资源计划是人才发展实施的目标和路径。企业战略、人才战略、人才纲领和人力资源计划由高到低，几个概念依次承接、相辅相成、缺一不可。没有人力资源计划，战略就没法落地转化，而缺乏企业战略和业务目标的计划也是脱离了正轨的计划、是不切实际的计划。

人才需求怎么描述清楚?

A 先生带着一脸沮丧与无奈回到办公室,召集部门相关人员开会,讨论 2019 年人力资源计划应如何编制。各 HR 业务模块经理们各抒己见,最后由人力资源计划模块经理负责整理汇总,内容包括:计划的管理体系架构、内外大数据分析、战略目标及业务计划输入、目标设计、编制的流程模板、评审环节设计等。其中针对招聘计划制定提报模板,模板应包括以下几个方面的内容:业务部门(细化到最小单位)、业务绩效评估、业务的现状及问题解决方案、人员盘点、招聘岗位、人才能力要求、基本素质要求、招聘目标企业、招聘途径、招聘到位时间、招聘负责人和招聘成本预算等。设计好后由 HRD 审批下发并要求各单位来组织编制。

当业务部门见到此计划模板后,一下就傻眼了。需要那么多的输入,才能说清楚人才需求计划吗?什么战略分析、业务评估、人员盘点、2019 年及今后的业务目标、人才的痛点及难点、标杆企业的业务特点及人才分布、目标企业的文化及人才培养模式,我们招此人过来的目的是什么?绩效目标怎么定?等等。不就是招个人来吗,怎么就那么复杂?想来想去无法安排人去编制,于是 C 业务张总经理把他们的 HRBP 叫过来,说:“小李你按照公司 HR 部门的要求,把我们的要求转化一下报上去吧。至于怎么办,他们看着办,反正我就是要互联网业务的一个业务总监及几个架构师、设计师。”小李带着一脸无奈加班做计划去了。时间期限到了,小李把计划报了上去,公司人才招聘部门看后感到无奈——这是什么招聘需求计划,怎么评审汇总报给公司 HRD?

HRD 看到业务部门报上来的需求计划,大部分都不合乎要求。其中最让人无语的是对招聘职位的描述,其对招聘人才的要求描述是这样的:年龄不限、学历不限、有相关经历、能干活、稳定性高、工资水平不高于现有同层次员工、需求人数为高、中、低各两名……HRD 看着这个计划寻思,他们的部门不是有类似相关的人员吗?那为什么还要招聘?职位绩效目标在哪?目标单位有哪些?要求的招聘周期是多长?

HRD 越想越不是滋味儿,于是干脆亲自去找业务经理沟通交流一次。

B 业务总经理张先生见到 A 先生如见到救星一般,说:“你终于来了,前几天会上我提出了好些意见，认为 HRD 的工作简单好干。不过这几天编制招聘计划可把我们逼疯了，我知道报上去的不符合你们的要求，你看着帮我梳理梳理、指导指导，到时老板评审通过我们请你吃大餐。"通过耐心细致的交流，张先生才又重新编制招聘计划去了。

他们公司聘我去干什么？

猎头通过自己的人才库去找与职位需求相匹配的候选人。通过多方交流，候选人有此意向，猎头随后把职位的说明书发给他。候选人看了后，发现企业所属的行业及所在城市符合自己的需求，但当他仔细研究职位说明书时，却有些不解：此职位说明仅说出了要做什么，具体职责描述模糊，汇报关系、带领团队等情况不清楚。但他还是参加了面试，通过与招聘单位的详细交流，才慢慢把职位了解清楚，最终成功应聘。

从以上的故事中我们可以清晰地看到，一个精准的招聘计划是何等重要。它应以战略业务为输入，以业务问题分析及评价，提出的人力资源解决方案及规划、职位设计为依据，再通过人才盘点后确认内部短期内无法培养后才列入招聘计划。同时，对于招聘职位必须有精准的定位和说明，如岗位的层级、上下级汇报关系、职能职责和需要候选人具备的经历和素质，职位绩效目标的设定以及要求到岗的时间等，以上内容均需一一明确。

我们可以看到，该企业人力资源部门编制的人力资源规划及人才招聘计划不但让业务经理口诛笔伐，甚至让老板大发雷霆，最终没有通过该公司管理层的评审。仔细分析一下，不难发现，这份人才招聘计划"脱离"了一些本该和招聘计划紧紧联系在一起的东西：

第一，"脱离"了对企业战略的诠释，没有去分析战略发展需要什么关键能力，没问清楚战略实现需要什么样的关键核心人才，老板不满意是正常的；

第二，"脱离"了业务，既没有通过业务分析、绩效评价等专业手段与方法帮助业务经理挖掘真正的原因和需求，也没有为业务经理解答到底招聘什么样的人才能解决业绩提升的问题，业务经理自然不满意；

第三，"脱离"了外部环境，没有充分调研分析评估外部的人才供给情况，对业务部门提出的人才需求只是简单接受，给招聘实施带来困难；

第四，"脱离"了人力资源相关业务，没有同人才规划、人才盘点等内容充分结合起来，HR管理者不知道内部的人才缺口到底是什么程度。

那么，企业应如何编制人才招聘计划呢？简单来说就是一句话：人才招聘计划要同企业战略、商业模式、业务目标、业务问题分析、人力资源解决方案相承接，切忌脱离企业战略和业务目标而纯粹以"招人"为目的。

7.1 关注人才市场需求变化

一个企业的发展自然会带来对人才的需求，内部培养能力由于受时间周期的限制，特别是当下向"互联网+"的发展转型，其速度往往不能满足企业发展的需求。例如，一个互联网企业，他们一年的招聘猎头费用甚至超过了培训费用的3倍。因此，做好需求分析、建立好人才招聘理念、制订好招聘计划非常重要。

影响企业人力资源战略策略的主要环境因素为两个方面：外部环境和内部环境。

7.2 如何聚焦人才发展战略

从人力资源角度解读企业战略，需要从企业战略目标出发去分析市场竞争地位、营销、产品技术开发等方面的能力资源优势，解读并分析出达成战略目标所需要的人力资源管理能力提升点和人力资源解决方案；需要结合政策法规、行业环境、客户市场、产品需求、技术升级、自身能力资源等内外部环境因素提取并制定出人力资源目标。

"基于业务的人力资源规划与解决方案的整体交付流程"包含：内外部环境分析、企业战略诠释、人力资源战略制定、业务与人才现状盘点、人力资源规划、人才差距评估、人力资源解决方案交付七个步骤。

在精准诠释企业战略的基础上，依次开展业务绩效与能力评价、人力资源规划、人才盘点的工作，才能确保最终制订的招聘计划符合战略与业务的需求、不偏离发展轨道，关于人力资源规划的内容详见本书第三章。

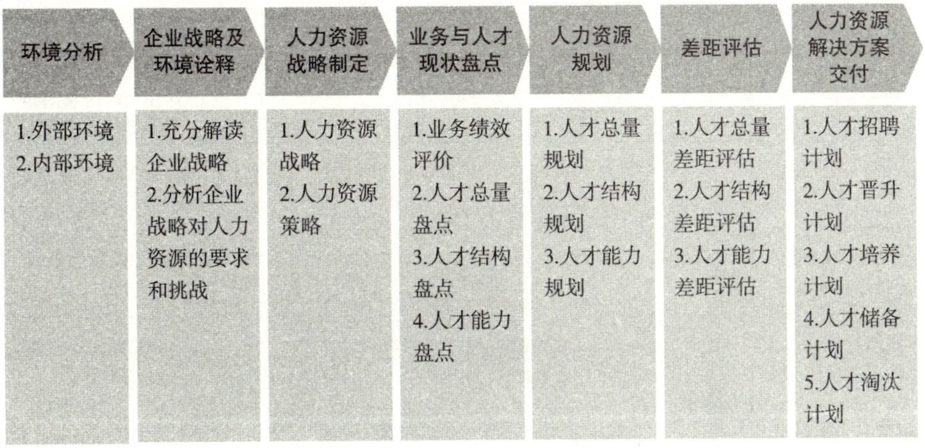

环境分析	企业战略及环境诠释	人力资源战略制定	业务与人才现状盘点	人力资源规划	差距评估	人力资源解决方案交付
1.外部环境 2.内部环境	1.充分解读企业战略 2.分析企业战略对人力资源的要求和挑战	1.人力资源战略 2.人力资源策略	1.业务绩效评价 2.人才总量盘点 3.人才结构盘点 4.人才能力盘点	1.人才总量规划 2.人才结构规划 3.人才能力规划	1.人才总量差距评估 2.人才结构差距评估 3.人才能力差距评估	1.人才招聘计划 2.人才晋升计划 3.人才培养计划 4.人才储备计划 5.人才淘汰计划

图 7-1　基于业务的人力资源规划与解决方案流程

7.3　绩效评价盘点人才痛点

企业的人力资源是有限的，但是各个业务部门经理对人力资源的需求往往是无限的。有限的人力资源应该如何分配？这是摆在企业老板和人力资源经理面前的一道难题。此时，分析业务战略与目标、评估人力资源现状就非常重要了，因为这里提出了另外一个重要的维度，就是业务绩效评估维度。通过业务绩效评估，可以找到影响业务绩效达成的关键核心要素并重点分析这个要素中的人力资源状况，通过制订人力资源解决方案来解决这个关键核心环节的问题，从而帮助业务绩效目标达成，让人力资源与业务紧紧地结合起来，实现人力资源投入价值的最大化。

7.3.1　五层级评估绩效承接

业务绩效的评估应自上而下、逐级开展，找到影响每一层级绩效达成的关键下级因素，并以此作为人力资源评估与发展的重点。通过逐级的评价，找出影响绩效目标达成的组织、职位与负责人，通过优化调整、空缺补充，助推业务绩效达成，实现人力资源与业务的高度契合。自上而下的业务绩效评估架构见下图。

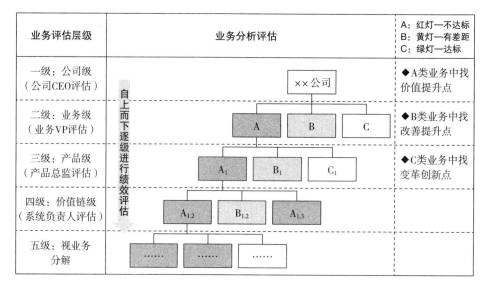

图 7-2　基于业务架构的影响业务评估模型

不同的企业可按此框架进行层层分解，在业务架构完善、人力资源管理体系成熟的情况下，应尽可能地分解细化，直至具体岗位。

7.3.2　红黄绿三色评估绩效

业务分析评价是在战略目标要求的基础上开展的，企业战略目标包含效益目标、产品研发目标、市场目标等。业务分析评价就是以此类目标为标尺，通过组织绩效和人力资源绩效各项指标的达成情况，从中分析原因，最终聚焦在人才上。首先要评价现有业务运营情况，并根据各业务目标进行层层分解，层层寻找问题所在的具体细分业务模块，直至分析至具体岗位上；再通过对内外部资源的评估结果，最终确定是否要通过外部招聘来解决业务上的人力资源问题。

1. 业务系统分析评价

以组织绩效和人力资源绩效为依据，以业务目标为依托，分别评价各业务系统对整体业务目标达成的影响程度。并以各业务系统综合评价的百分比（组

织绩效 × 人力资源绩效），作为区分红黄绿灯的评价标准。例如，设置目标达成率95%以上的为绿灯，80%—95%的为黄灯，80%以下的为红灯。

2. 业务模块分析评价

完成对业务系统的整体评价后，需进一步分解影响该系统业务目标达成的子业务模块，评价标准与对业务系统的评价相同，通过红黄绿灯的评价方式，区分出影响业务系统目标达成的关键子模块和重要子模块。特别是对红灯业务系统要重点分解评价，对黄灯业务系统也不可忽视，应视需要加以分析评价。企业可根据不同业务的层级情况自上而下进行分解评估。

7.4　人才盘点对照人才需求

根据前文中对业务系统和业务模块的评价方法，重点对评价中的红灯和黄灯各业务模块进行层层分解进行分析，找到问题集中的业务系统及子业务模块，通过分析产生子业务模块问题的原因，从源头上寻求解决这些问题的根本方法。

7.4.1　业务问题分析流程

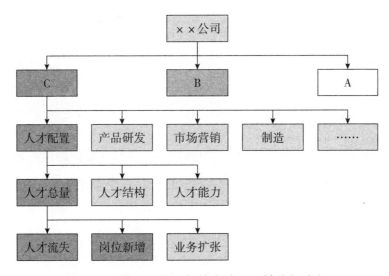

图 7-3　基于业务问题的人才匹配性分析流程

在明确具体问题业务的基础上，考察产生问题的原因，如本章案例分析中提到，影响业务绩效问题的原因有很多，除了人才匹配的问题，还有市场变化、产品竞争力、制造质量等方面的问题，每个方面的问题都需要根据其构成要素逐个评估排查，最终都要聚焦到"是否是人才问题"上来。

在此我们重点针对人才配置方面的问题讲述分析流程，从人才总量、结构和能力维度层层剖析，寻找产生问题的根源。

7.4.2　人才盘点匹配准确

对人力资源现状进行全方位的盘点，包括盘点现有人才资源的匹配性、人力资源的发展性，以及与未来业务规划的相符性如何。寻找偏差并分析成因，进而提出整体的人力资源解决方案，包括人才发展计划、人才招聘计划、后备人才培养计划、人才优化淘汰计划等。

一般人才盘点包括总量盘点、结构盘点和能力盘点三个方面。

总量盘点：即盘点企业各业务、组织拥有的人力资源总量，需要按照业务架构的层级逐级向下盘点至最末端的岗位。

结构盘点：针对各级组织人力资源结构的匹配性，需要从多个维度进行，包括横向分系统结构（研发人员、营销人员、采购人员等）、纵向分层级结构（部门总经理、业务经理、业务主管等）等，要从中看出现有人才的匹配情况。

能力盘点：盘点对象是组织及个人，既要盘点某级组织的整体能力，又要盘点每一个岗位上员工的能力，每个企业都有自己的能力评价体系，如考评体系、基于职位的任职资格管理体系等。

7.4.3　问题分析方法模板

我们已清楚地了解到业务分析的架构、标准和流程，即以业务分析为输入，以量化的指标为标准，通过自上而下的流程去逐级打开分析。其中针对 C 类（红灯）和 B 类（黄灯）业务，需要重点对其人才匹配情况按业务架构进行分析。

表 7-1　业务系统人力资源问题分析评价表

业务系统	业务类别（A/B/C）	总量匹配评估			能力评估	综合评价
		岗位职数	现有人员数	匹配度	胜任力达标度	
营销	C					
研发	C					
质量	B					
生产制造	A					
……						

表 7-2　子业务模块人力资源问题分析评价表（以营销系统为例）

业务系统	业务子模块	业务类别（A/B/C）	总量匹配评估			能力评估	综合评价
			岗位职数	现有人员数	匹配度	胜任力达标度	
营销	营销一线	C1					
	商品规划	C2					
	营销服务	B2					
	……						

表 7-3　各层级人力资源问题分析评价（以营销一线为例）

层级		总量匹配评估			能力评估	综合评价
		岗位职数	现有人员数	匹配度	胜任力达标度	
管理	中层					
	基层					
专业技术	一级					
	二级					

7.4.4　人才盘点的关键

要想做好人才盘点，人力资源部门必须将人力资源其他相关模块做好，这样才能为人才盘点提供基本的支撑，如人才盘点工作要不断地优化，人力资源的相关机制也要不断优化。企业不可能指望在无职业生涯发展机制的情况下去推进轮岗交流培养机制：高潜力人才不会按照人才盘点制订的发展计划去其他岗位上轮岗培养——假如没有晋升机会，轮岗轮不起来怎么办呢？因此必须要有制度来保障。

要做好人才盘点，人力资源部门首先需要做的是根据业务发展方向和策略，制定人才的标准，包括价值观、领导力、专业能力以及潜力的标准。当关系到企业发展的关键岗位无法找到胜任的人才、即使按照标准不断进行外部招聘也解决不了问题时，人力资源部门就需要重新对组织和岗位进行审视——审视岗位设计职能职责是否明晰、人才标准是否出了问题。

人力资源部门要运用多种评价工具建立起一套评价体系和流程。人才的评价有多种方法，人力资源部门需要根据组织特性和人才盘点需要，进行组合评价。能力评价可以借助"360度评估""目标行为事件访谈"等评价方法，但是一般能力评价的最终结果还是由直接上级来确定。

组织的人才盘点要从下到上、一层层逐步展开。企业在组织人才盘点的过程中，应该按照企业人员的管理层次，层层评估现人员情况和人才准备度，直至 CEO。

作为企业各业务单位，盘点应建立在总量的基础之上，以职位设计为标准，建立各职位的能力任职资格标准。对应标准盘点结构，寻找人才差异度。

当前，诸多企业都会采用人才盘点会议的方式开展人才盘点工作，如 GE 每年都会进行人才盘点的 Session C 会议。

现在，企业对于员工的管理，已经从过去的人力资源管理时代向人才管理时代迈进。人才管理不再是从相互割裂的模块视角，而是从一体化的视角看待和解决人力资源问题，从而支撑企业战略目标的达成。而人才盘点的结果应用，为企业推动人才管理整套流程的落地实施提供了最原始的动力。

人才盘点结果可以分为两类：一类是个人的，另一类是团队的。个人的结果包含各项指标的得分结果及由此得来的在九宫格中的位置，包括个人的优势、不足和现岗位或目标岗位的能力经验差距，以及和上级共同制订的个人发展计划（包括轮岗计划、培训计划、绩效改进）等；团队结果即企业整体的人才地图，包括人才数量、人才结构、人才胜任度以及和规划相比的人才差距，同时也输出各类型人才的名单以及企业招聘计划等。

实战案例

国际化企业 GE 公司人才盘点经验

通用电气公司（General Electric Company，GE）是一家学习型的企业，它依靠先进的人才盘点体系，推动自身成了伟大的人才工厂。GE 的人才盘点以 Session C 为依托。GE 对 Session C 的定义是为保证组织一致性，对组织绩效、领导力采取的多层次评估和审计。

每年的 4 月或 5 月，GE 的 CEO 与人类资源部门的 SVP 将会在 GE 的各个职能单元主持 Session C 会议。Session C 会议包括以下目标：审议战略前景对人才的潜在影响；关键个人的绩效回顾；识别高潜能人才；在组织范围内进行人才的交叉比较；针对前 20% 和后 10% 的员工制定战术；规划高级职位的继任；规划高潜力经理的发展步骤。

表 7-4　Session C 会议内容

内　容	定　义	作　用
EMS（员工管理系统）	由人力资源部提供表格，内容包括员工经历和近年业绩	详细了解员工经历和业绩
360 度评估	从十个方面采用五分制对员工能力进行评分	全方位客观评估员工能力
挑战型任务	公司在 Session C 结束一个阶段后对表现出色的员工进行委派	进一步发挥员工潜能，提高公司业绩
Fatality Chart	按三个区将员工进行分布	对全体员工进行定位，以确定去留升降名单
继任计划表	在公司各个部门的职位上排写候选人名单	提高晋升制度的透明度，保障各部门管理层的连续性

整个内容的具体运作流程如下：

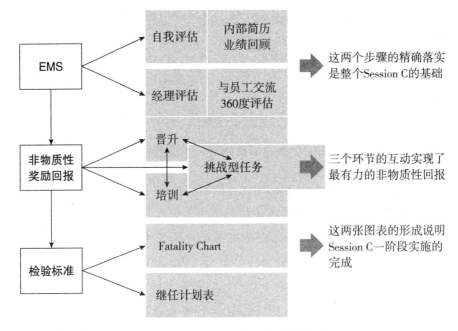

图 7-4　Session C 会议人才盘点流程

Session C 会议的会议流程基本包含五个阶段。

第一阶段是对业务领导的讨论：回顾、讨论所管辖的组织机构，提供所有主管与高级管理人员在九格图中的排序（20/70/10），阐述管辖组织管理者结构。

第二阶段是人才管道讨论：提供所有事业部的高级管理者的九格图 20/70/10 等级排序，展示所辖组织中员工的多元化数值，分析所有副总裁、高级管理人员和管理人员的工作和业务时间、经验，列出高级管理者和主管的潜力。

第三阶段是战略性增长：描述组织是如何支持有机和无机增长的，展示市场和销售团队的结构，提供 EB 及所有市场或销售领导者的九格图 20/70/10 等级排序，更新最近一年销售队伍发展情况。

第四阶段是卓越工程管理：讨论在卓越工程管理方面的成绩，展示工程职能的组织结构，提供对所有执行理事会及以上管理者的九格图 20/70/10 等级排序。

第五阶段是首席执行官调查：回顾您的 CEO 调查结果和行动计划，告诉我们您对调查结果的看法。

7.5　制订人才招聘需求计划

通过业务分析发掘了问题的存在、人才盘点找出了人才量和质的差距，接下来需要进一步分析解决问题岗位上的人力资源匹配性的问题，是内部调整还是外招？对于需外招的岗位，还要对外招岗位职能职责的关键要素进行深入分析和精准输出，最终确定外部人才招聘计划。

7.5.1　确定外部招聘岗位

外部人才招聘需要企业耗费时间成本、资金成本、融合成本并承担用人风险，但人才培养的速度往往又赶不上企业业务的发展变化，特别是在创新型企业、转型阶段企业中，人才的结构性需求矛盾往往会比较明显。因此在做过人才盘点之后，对于需要进行人才招聘的岗位，到底选择内部招聘还是外部招聘，必须结合自身的人才资源情况、业务状况、和企业的成本付出意愿等因素结合考虑后再决策。

1. 明确内外招聘原则

优化用好现有人才的存量，通过内部人才市场化机制让人才得以充分发挥自己的能力、让人才在内部流动起来，可以更大程度地激发人才的潜力、发挥人力资源的最大价值。因此，在评估好内部资源并尽力做好调配的基础上都不能解决人才需求的问题，才应采取外部招聘的方式解决，也就是"能内配，不外招"。

2. 汇总外部招聘岗位

对公司内部各单位计划外招的岗位按系统汇总后，需要进一步分析评估各系统下子业务模块的人才招聘主要集中在哪些领域，对不同业务单位的子业务模块进行汇总归类和排序，对业务问题进行进一步的评估聚焦。这样可以让公司管理者快速了解公司的人才资源问题主要出现在哪些具体业务上，并对人力资源解决方案快速地进行评审决策。

表 7-5 人才招聘计划汇总表（以营销系统为例）

单位 \ 人数 \ 业务子模块	合计	营销一线	品牌传播	营销服务	电子商务	销售管理	其他
××单位							
……							
合计							

以上是对需要进行外部招聘的岗位进行汇总，这是对所分析问题的直观集中呈现，但还不是最终的招聘计划。最终的招聘计划还在问题和数据的背后，需要在明确岗位职责和对人才素质的需求后才能确定。

招聘计划的制订是在明确战略业务目标、确定导致业务绩效不达标的问题岗位、评估完人的能力现状和内部人才资源的拥有情况下确定的，是一个将业务需求语言转化为人才招聘计划语言的过程。

招聘计划的制订最终输出需要人力资源部门与业务部门协同做三项工作：梳理岗位工作、提炼岗位职责和确定招聘需求。

7.5.2 梳理岗位工作

人才招得对不对，关键的工作是什么？不是人才资源的有无，而是如何去把所需人才的"像"画出来。只有画出"像"来，HR 招聘部门或猎头公司才能按图索骥，而这一画"像"工作，从 HR 的层面上说就是岗位工作分析。岗位工作分析就是"明确做什么、怎么做和做到什么程度"。即便由于客观原因导致岗位职能职责不断发生调整，也要坚守岗位工作分析的三条主线。岗位工作分析除了支撑招聘，还与培训、绩效和任职资格等其他人力资源业务模块息息相关。

岗位工作分析的内容主要包括六个方面：工作的职责；核心任务与关键产出；对结果起关键作用的流程、技巧和行为；工作中涉及的工具、设备、材料等硬件；权限和内外部资源；工作对体能和脑力的要求。

7.5.3 提炼岗位职责

工作分析的目的是对看似杂乱无章的工作"流水账"进行梳理归类，形成层次明晰的岗位职责。对工作职责的提炼要求内容完整、概括准确、重点突出。其归类可以根据工作的性质、输出物的类型和下一步工作的归口单位开展。

表 7-6　工作分析步骤表

第一步：罗列工作事项		第二步：提炼工作职责		第三步：梳理工作内容
1	记录工作"流水账"	职责一	对工作"流水账"进行归类总结	1.分解总结工作内容
2				
3		职责二		
4				
5		职责三		
6				

7.5.4　确定招聘需求

岗位职责梳理清晰后，需要根据职责要求进一步梳理胜任这些职责所必备的基本素质和能力，同时根据现有岗位的人力资源配置情况和业务需求的紧急程度确定是否招聘以及招聘周期。

1.分析必备素质能力

要胜任岗位工作要求、正确履行岗位职责，岗位人员必须具备相应的素质和能力。由于不同的职责对岗位人员的素质能力要求不同，只有把这些素质综合起来，才能最终确定招聘岗位。

表 7-7　必备素质能力分析表

工作职责	条件要求		能力素质要求	
	基本条件	工作经历	专业能力	通用能力
职责一				
职责二				
……				

2.输出招聘职位说明书

根据岗位研究和工作分析的结果,确定需招聘岗位的职能职责和任职资格要求,并将这些内容按照招聘岗位说明书的要求进行编制填写。

在上述招聘计划制订的过程中,业务部门充分参与了评估,也按照从战略解读到人力资源规划再到需求确定进行了细致分析,但最终招聘计划的输出结果还是需要高层领导去决策,以保证制订的招聘计划确实符合公司领导者的战略导向。

招聘计划的签批需要科学的报告工具去承载,以便能清晰、简明地展现整体招聘计划和招聘的实施安排。

表7-8 人才招聘计划书(1)—报告首页

××年××单位人才招聘计划书
批 准:
审 核:
会 签:
编 制:

表7-9 人才招聘计划报告(2)—报告正文

一、招聘计划编制思路
二、招聘计划编制原则/指导方针
三、招聘计划系统情况(见表7-10)
四、招聘计划层级情况(见表7-11)
五、招聘计划岗位明细(见表7-12)
六、招聘计划分月实施计划(见表7-13)
七、招聘计划实施保障措施

表7-10 人才招聘计划报告(3)—招聘系统汇总表

单 位	合计	按所属系统分					
		各系统人才需求情况					
		营销	研发	采购	制造	人力资源	……
××部门/分公司							

续表

单　位	合计	按所属系统分					
		各系统人才需求情况					
		营销	研发	采购	制造	人力资源	……
××部门/分公司							
……							
合计							

表7-11　人才招聘计划报告（4）—招聘层级汇总表

单　位	按岗位层次分							
	管理类				专业技术类			
	小计	高级	中级	初级	小计	一级	二级	三级
××部门/分公司								
……								
合计								

表7-12　人才招聘计划报告（5）—招聘岗位汇总表

序号	部门	解决的问题	系统	岗位名称	岗位职责	岗位层次	需求数量	基本素质要求	招聘目标单位	招聘渠道	到位时间	招聘责任人

表7-13　人才招聘计划报告（6）—招聘到位时间汇总表

单　位	合计	月　份							
		1月	2月	3月	4月	5月	6月	7月	……
××部门/分公司									
……									
合计									

7.6　人才招聘费用预算管理

招聘费用预算是指企业在一定时期内，针对预期的人才招聘计划所需费用的预算。

表 7-14　招聘费用预算表

费用类别	项　　目	标准	数量	小计
渠道费用	网络渠道			
	招聘会			
	猎头费			
	校企合作			
	内部推荐（奖励）			
宣传资料	资料印刷			
	广告费（媒体、条幅、宣传册、海报）			
	场地租赁			
测评项目	测评费			
差旅项目	交通、住宿、餐饮			
合计				

影响招聘预算以及预算调整的因素有以下几个方面。

> 招聘的人员层次，原则上是层次越高产生的费用越多。

> 招聘渠道的优劣以及收取费用的高低，支付费用的方式等。

> 安排什么样的人去参与招聘也是影响因素之一，一般是安排的人层次越高，其费用就越高，千万别"用牛刀杀鸡"。

> 招聘的难度及周期。

> 招聘的效率与质量、过程周期、每个环节的通过率、成功率等。

上述这些方面在预算中都应考虑。市场在变、业务在变、人才因流动也在变，这些变化自然为招聘计划带来变化。企业要定期和不定期地对计划进行评审并进行滚动管理。

第八章

优用招聘渠道资源
——兼顾效率成本服务

8.1　如何规划招聘渠道资源

通常，招聘渠道资源分为以下几种。

内部培养：通过企业内部学习、培训机制，有规划、系统性地给予高发展潜力员工主动性的学习培训导入和机会导入。这里强调培养的相对定向性，但又伴随着方向的不确定性，如校园招聘的管理培训生和社招高潜技术及管理人才的定向为管理方向和技术骨干，但在内部培养或轮岗过程中可能会出现其向"更适合"的某领域的特质方向转化的情况。内部培育人才占员工比重也是衡量企业文化、管理水平的一个重要指标，如宝洁公司将企业人才内部培育作为自己的一个企业原则，可谓践行这一点的标杆企业。

内部任用：通常含晋升、轮岗和转岗。

内部选用：通常在企业发生重大组织变革，需要重新配置人员、公司管理体制发生重大变化、重要岗位出现空缺、管理者聘任合同到期、企业文化提升，重塑企业文化等情况下由企业内部以墙报、宣传栏、内部报刊、邮件、内部网络平台或内部新媒体公告的形式发起。

内部推荐：内部推荐（又称员工推荐），是企业通过发动企业内部员工调用自己的人脉资源来帮助公司推荐优秀候选人的招聘方法。

内部选举：多见于企业工会、董事会等，分全员公投和部分参与投票等。

演讲会议：通过企业的演讲、会议（如宣讲会）发现人才。

专业论坛：通过在某一领域具有较大影响力的网站、论坛发现人才。

招聘网站：有综合型招聘网站、专业型招聘网站之分，这两种又涉及不同的区域范畴。如智联招聘、中华英才网、前程无忧、猎聘网等均属于常见的全国性综合型招聘网站，如某省汽车人才网则为区域性专业型招聘网站。

新媒体：新媒体平台不同于传统媒体平台，是一种在移动互联时代的新兴信息传递平台。目前主流新媒体平台有微博、微信公众号、QQ、博客、论坛、今日头条、一点资讯 App、搜狐自媒体等。

圈子招聘：圈子招聘是一种不同于现场招聘和人才网招聘的方式，它是依托于社交网站的发展、在有影响力的社交网络形成的行业圈子中进行招聘的方式。如在职业社交网站 LinkedIn、脉脉、人人网等专业网站、论坛搭建人脉、发帖招募等。

猎头招聘：是 20 世纪 90 年代初从西方国家舶来的一种全新招聘方式，主要指第三方（一般为专业猎头公司或具有专业猎聘团队的公司）受企业委托，帮委托企业定向搜索聘用中高级管理或专业技术人才的一种方式。该种方式有高效、挖掘人才层次及适用程度高、风险可规避，但又不被传统中小型企业熟知的特点，将在后面着重介绍。

8.2　如何开发猎头渠道资源

作为企业招聘管理者，面对上述五花八门的招聘渠道，经常不知选哪个为好。究竟哪一个招聘渠道适合本企业招聘需求，要依据企业的用人寻才理念以及招聘岗位的层级、紧急和难易程度来进行选择。

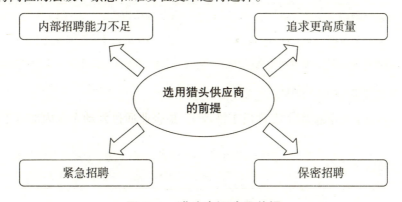

图 8-1　猎头资源选用前提

猎头资源开发主要包括制订开发计划、寻找猎头资源、组织相关人员对猎头进行评审、经评审通过后洽谈合作、进入猎头资源库这几个环节。

将猎头资源分为不同的类型进行入库分类管理，能够充分发挥其应有的作用，提高招聘效率、节省费用。

表 8-1　猎头渠道资源的分类

序号	合作类型		说　　明
1	A 类	综合型	在不同领域及专业上，具备大量人才及信息资源，应建立战略合作关系
2	B 类	专业型	在某些专业领域具备优势人才资源，为企业提供某领域专业人才，具备专业优势，可重点合作
3		地域型	在某些区域内具备优势人才资源，能够发挥区域性优势，重点应用于属地招聘
4		项目型	在某个项目上具备优势资源，可进行项目性合作

8.2.1　猎头资源获取方法

一些企业在与猎头渠道进行合作招聘时，由于对猎头渠道没有进行很好的评估，也未明确权责，更没有签订合作协议，对企业造成了招聘职位难以到位、劣质简历堆砌、加大企业 HR 工作负荷、企业方人才和机密被其猎取和透露、不能帮助企业获取人才外附加资源、难以帮助企业同僚提升等一系列问题。

表 8-2　猎头渠道资源获取的原则

序号	甄选原则	具体内容
1	行业优势原则	企业行业所需领域内，具备相当量级的人才资源沉淀及快速补充能力
2	高效专业原则	服务操作流程严格、规范、专业、高效，能推动急需人才到位
3	诚信保密原则	诚信保密，不猎取企业己方人才、对企业机密信息严禁外泄
4	服务维护原则	服务意识强，以客户为导向调整服务内容及流程，从企业声誉和利益出发，维护企业秘密及公众形象，维护企业人才
5	增值互进原则	为企业提供市场调研、行业研究、标杆企业管理模式分享等增值服务，与企业 HR 相互学习分享招聘技能等，与企业和企业人事互动互进

综上，企业在制订下一年度招聘计划时要同时制订企业招聘供应商开发计划，在寻找的过程中应当遵循行业优势、高效专业、诚信保密等原则。

在实际甄选过程中应当以业务需求及招聘管理原则为基础，通过不同的方法及渠道获取相应的猎头供应商资源。

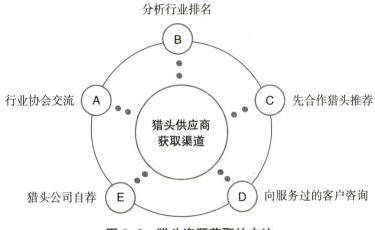

图 8-2　猎头资源获取的方法

8.2.2　猎头资源开发评估

是否选择了优质猎头供应商很大程度上决定了招聘效率，它是极其重要的一步，有很多维度可以考察，目前常见的有从公司规模（优质顾问数量）、人才库规模、同行企业成功案例、试推荐人才质量、对企业所处行业的理解和洞察、执行效率等维度进行的评价甄选。

> **行业品牌与规模：**了解猎头公司在 HR 行业以及业内的口碑与品牌，一般情况下，在全国有 5 个以上分公司、总人数在 40 人以上的猎头公司就属于规模比较大的公司了。

> **业务优势：**猎头公司的业务线覆盖、优势行业覆盖、优势地域覆盖、职位层级覆盖等，看这些优势与企业的实际需求是否吻合。

> **对行业的理解与洞察：**考察猎头公司对本行业的理解高度与深度，包括行业发展研究、交叉平行及关联上下游行业公司研究、地域人才属性研究，甚至国家宏观政策、地域政策研究等。

> **职业化、专业化程度：**前期洽谈合作时可从对接人的言谈举止、对行业的见解分析、对己方企业的认知度等方面参考，达成试合作期间从业务对接、简历质量、速度及服务流程规范方面严格考量，正式合作期间严格约束并动态监控。

> **业内成功案例：**是否有本行业同规模企业成功案例、所操作岗位层级档位数量，国内外成功案例等，以此反映猎头公司的能力层级。

➢ **项目团队**：包括猎头公司项目团队成员的背景、数量以及项目运作能力，如猎头顾问是否有过同行业 HR 或业务经历等。

➢ **试推荐人才转化率**：以本公司某职位试推荐人才的速度、质量，候选人的配合程度，面试及录用达成转化率为参考——这是体现猎头公司寻猎能力最有说服力的数据。

表 8-3　猎头资源资质评估表示例

基本情况	公司名称	中文		公司性质		成立日期		法人代表	
		英文		公司地址		联系电话			
	评估依据							评估栏	
								5分	4分 ……
注册资质规模	总部所在地		公司总人数		专业顾问人数				
	分公司所在地		分公司人数		专注行业及领域				
	国际网络		分布国家						
业务优势	擅长职位与领域（在擅长的方面打√）								
	××领域		××领域		××领域				
	业务模块	全国			分公司				
		营业额	占总额比	营业额		占总营业额比			
对行业的理解	主要侧重对行业信息的理解								
成功案例	客户名称		合作岗位		营业额情况				
项目团队	姓名	主要履历			业绩情况				
试推荐质量	推荐部门	推荐简历数量		推荐人姓名		是否进入面试	面试结果		
职业化									

8.3　如何选好用好猎头顾问

在与猎头渠道资源签署合作协议后，就正式进入合作环节。如何在与猎头资源合作招聘时占据主动？企业需要做好对关键要素的把控管理。

8.3.1　合作初期明确目标

对于新加入的猎头供应商，企业大多都是陌生的，故在合作初期，除应充分宣贯企业理念，介绍企业发展历程、用人理念、薪酬、政策、组织架构等外，亦应明确企业的招聘目标期望及相关要求。

表 8-4　合作初期明确期望表

期望要素	相关标准
合适的人才	推荐的候选人达到企业可面试的人才标准及简历通过率
在合适的时候	企业希望猎头顾问前期工作做到什么程度，如获取简历后就将人才推荐给企业，还是电话沟通、面试或背景调查以后再推荐
以合适的方式	按照企业希望猎头顾问反馈的人才信息对简历模板进行个性化的设计
发给合适的人	将人才信息发给企业指定的对接人，需要的话也要抄送给企业相关的领导
进行合适跟进	发送人才信息后及时知会 HR，对 HR 想了解的信息快速反馈

8.3.2　建立双向交流机制

企业与猎头供应商虽属甲乙方关系，亦同属人力资源范畴，但各有所长。为深度强化合作、推动人才转化率，有必要建立双向互动学习交流和双方互动输出机制。企业在与猎头资源建立正式合作关系后，除要为其制定明确的招聘目标外，还应当为其输出相应的内部资源支持。

同样，作为猎头供应商，除按照既定人才引入战略达成目标外，亦可以见面会、专项培训、课件等形式与企业人力资源互动学习交流，对企业提供发展建议、决策参考等。

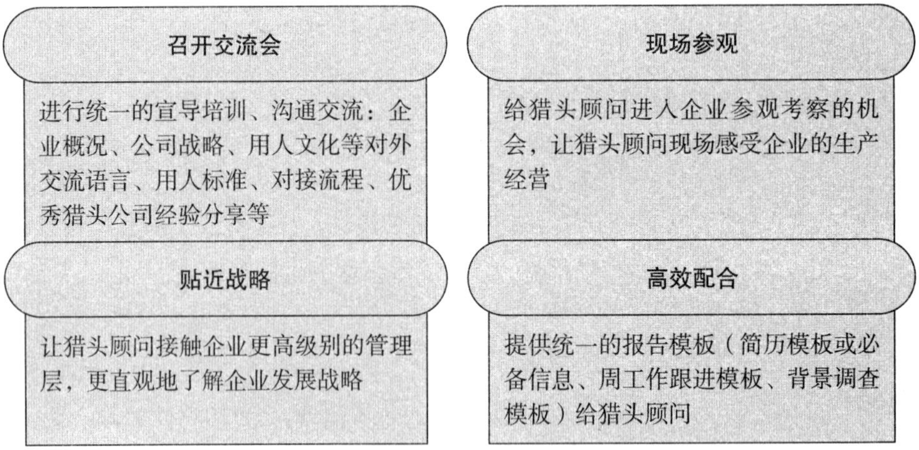

图 8-3　与猎头供应商的日常交流要点

8.3.3　识别挑选金牌顾问

在一切企业要素中，人是决定性因素，也是企业要素的推动者，一个优秀的猎头供应商的整体水平会由多个金牌顾问支撑。企业人力资源部门在与之合作时，应炼就"火眼金睛"，识别挑选金牌顾问、合力推动招聘。

表 8-5　如何识别挑选金牌顾问表

能力要素	表　现	能力要素	表　现
系统思维	能站在行业高度把握行业竞争态势	人际理解	能把握深层次需求
洞察能力	理解企业与职位需求和领导的关注点	执行推动	有影响力、行动力
沟通能力	具备坦诚、明快的沟通能力	共赢理念	坦诚开放，懂得分享
客户意识	有亲和力、耐心，信守承诺	职业素养	坚持诚信，与企业风格匹配

8.3.4　流程管控提高绩效

猎头资源会同时服务于多个企业，对于企业发布的职位，部分猎头资源会选择性地跟进那些简单、成单快的职位。因此，对于一些企业来说，制定科学化的流程体系来制约供应商显得尤为必要。

企业在职位发布后需要给猎头资源设置明确的时间点，并以此来评价、考核、激励猎头。

表 8-6　设定时间节点提高推荐绩效示例

活动	角色	活动描述	输入	输出
岗位发布	企业	根据猎头公司优势及专业能力评估结果以书面形式发布职位，猎头公司回函确认	招聘计划	招聘岗位
		同一岗位一次性最多发布给三家猎头公司，如两周内无有效人选推荐，猎头公司须出具寻访报告，企业有权收回其对该岗位的操作权限并可发布给其他猎头公司		
候选人推荐	猎头	猎头公司需按照岗位紧急、难易程度分派不同优质顾问推进，要求七个工作日内推荐不少于合同约定的有效人数；若未果，需出具报告说明并追责	发布的岗位	候选人简历
简历评审	企业	企业人事和用人部门评审简历时限均不得超过两个工作日；对于评审不合格的简历，须说明原因并及时反馈给猎头公司	简历	简历
组织面试	企业	用人部门评审合格的简历需及时通知人力资源部门安排面试，时长建议从用人部门收到简历开始评审起三日内；面试结果三个工作日内反馈给猎头公司	筛选结果	通知面试
	猎头	猎头需提前面试候选人，通过猎头面试后需与人力资源部门确认企业面试时间	邀约人选	面试时间
入职付款	企业	录用通知书下达后两个工作日内通知猎头	发放录用通知	付款
		猎头费用的核算比例及支付期限参照合作协议约定内容执行		

8.3.5　猎头资源增值服务

企业在与猎头资源合作招聘的同时，应当尽可能激发猎头的服务水平和多方面的服务能力，利用猎头在行业内的优势，为企业发展提供更多的增值服务。

➤ 建立信息共享机制，猎头资源定期分享行业信息和人员流动信息，为企业提供相应的决策支持和人员流失防范预警。

> 利用猎头资源的巨大信息量掌握行业发展趋势、提升研判能力。
> 双方观摩交流，企业输入猎头招聘服务的先进理念，猎头帮助企业搭建内部猎聘团队，并制定有别于传统企业人事的薪酬激励体系。
> 猎头资源按照企业要求发起并组织现场招聘会。
> 猎头资源对企业人力资源尽职调查、诊断并进行其他市场调查等。

8.4 猎头渠道资源绩效考核

猎头渠道资源绩效评估指标和评估方式可根据评估周期内的人力资源战略重点进行有效选取和侧重。

8.4.1 猎头资源绩效评价

1. 评价周期

一般情况下建议企业出具半年度评价报告，并将评估结果反馈给猎头供应商，每年淘汰业绩差的公司，并视需要引进新的猎头合作商。

2. 评价方式

综合评价：业绩评价结果 ×70%+ 日常评估结果 ×30%
专业能力评估：推荐覆盖率、推荐成功率、高效专业度等综合评价结果
增值服务评估：对猎头供应商提供增值服务的部门进行满意度调查

3. 评价指标

对于猎头资源的评价指标分为年度指标和日常指标。
> 年度业绩评价指标：营业额、年度成单率、推荐覆盖率、推荐成功率、反应速度。
> 日常评价指标：服务态度、顾问专业程度、是否遵循流程、诚信正直、增值服务。

表8-7　某企业猎头渠道资源评价指标

一级指标	二级指标	权重	评价标准及分值分布				
日常评估（30%）	服务态度	5%	经常主动与我方沟通招聘事宜，在任何时间接受我方提出的业务要求，不推脱（5分）	较主动地与我方沟通招聘事宜，在任何时间完成我方提出的业务要求（4分）	在工作日内能够答复我方的业务要求，不推脱（3分）	在工作日内能够答复我方的业务要求，偶尔有借故推脱的情况（2分）	服务意识较差，很少站在我方角度考虑问题（1分）
	顾问专业能力	7%	对候选人情况及行业知识了解，能够完整、详细地回答问题（7分）	对候选人情况及行业知识了解较好，基本能够回答相关问题（6分）	对候选人情况及该行业知识了解一般（4分）	对候选人情况及行业知识了解较少（2分）	对候选人情况不了解，不能立刻解答相关问题（1分）
	是否遵循流程	7%	能够严格按照我公司的推荐流程及模板进行推荐工作（7分）	能够较好地按我公司流程进行推荐工作，偶尔出现违反流程及模板的情况并少于5次（6分）	能够按照我公司流程工作，经常出现违反流程情况，超过5次（4分）	基本上不按照流程推荐，且沟通后不予改正（2分）	完全不按我公司的流程进行推荐工作，或出现过严重违反流程的情况（1分）
	诚信正直	5%	能够完全如实提供候选人信息并回答我方问题（5分）	能够如实提供候选人信息并回答我方问题，出现过少于2次候选人关键信息不实的情况（4分）	能如实提供候选人信息不实的情况或出现过少于5次候选人信息不实的情况（3分）	出现超过5次候选人信息不实的情况或出现过1次主动伪造信息或欺骗我方HR的情况（2分）	出现过2次以上主动伪造候选人信息或欺骗我方HR的情况（1分）
	增值服务	6%	能够无偿提供我方需要的招聘相关信息及其他HR服务（6分）	可有偿提供我方需要的招聘相关信息或HR其他模块服务（4分）	可无偿提供招聘相关信息，但无HR其他服务（3分）	可有偿提供招聘相关信息，但无HR其他模块服务（2分）	只有单一猎头业务，无其他项目服务（1分）

一级指标	二级指标	权重	评价标准及分值分布				
业绩评估（70%）	成单率	25%	40%以上（15分）	20%以上（12分）	10%以上（9分）	5%以上（6分）	5%以下（3分）
	推荐成功率	20%	40%以上（15分）	30%以上（12分）	20%以上（9分）	10%以上（6分）	10%以下（3分）
	推荐覆盖率	10%	80%以上（10分）	60%以上（8分）	40%以上（6分）	20%以上（4分）	20%以下（2分）
	反应速度	15%	<3天（5分）	<7天（4分）	<14天（3分）	<21天（2分）	>21天（1分）

8.4.2　猎头资源优化淘汰

企业通过进行猎头资源的评估，形成《猎头资源业绩评价表》，综合评估结果排名靠后的猎头资源可予以淘汰。对优秀的猎头资源可进行相应奖励，评估不合格的猎头资源，将在合同期满后终止合作。

对于猎头资源而言，最终的目标是帮助企业招聘到人、达成招聘目标，同时自身获得收入，故企业人事管理者可以灵活利用差异化服务费率等方式激发供应商，不同的企业可视自己企业情况设置具体数值和方案。如对企业急聘岗位可调高相应费率并设置时限激励猎头完成，对年度考评优秀的供应商可上浮费率。当然，也可采用对优秀猎头供应商开表彰大会、发放奖杯或现金激励、组织优秀公司和突出贡献顾问旅游、组织优秀顾问参加企业学习拓展等方式进行激励。总之，一切都在创新，而差异化对待必将促进竞争。

表 8-8　某公司年度费率激励标准表

类　别	费率激励
S 类	可以上浮 2%—3%
A 类	可以上浮 1%—2%
B 类	不变
C 类	淘汰

第九章

人才招聘高效组织管理
——组织保障提升效能

　　招聘计划定了、信息资源有了，如何将企业需求的人才招聘进来？对于 HR
部门来说并不是一件轻松的事。如何快速找到目标人选？这就需要有效的招聘
组织管理、流程把控等的保障。

　　三圆交叉模型（以下简称"三圆"模型）就是从三个角度对企业需招聘的
人才进行建模分析，即对人才基因特征、企业经营特点及发展趋势、企业个性
需求特点进行交叉分析，最终锁定人才招聘的目标范围。

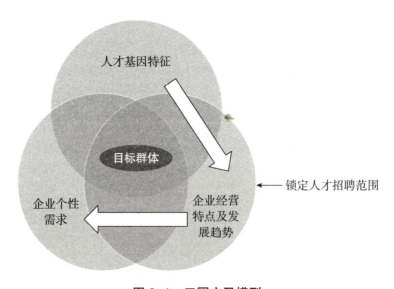

图 9-1　三圆交叉模型

　　人才的流动、存活、成长与树木一样，受地域、环境、土壤等因素的影响。
因此在分析招聘计划时必须要从以下几个因素来考虑：一是人才成长环境，人
才的价值观与企业的文化是否相适应，或者是否有相融性；二是人才生存环境、
生活习惯也是影响人才流动的因素；三是企业的行业特点、所处发展阶段、企
业自身的特点、用人理念等。

9.1 如何制订招聘实施计划

谁有能力去招，谁去组织招，企业在制订招聘推进实施计划时，一定要明确招聘的组织分工，这样才能做到职责明确、责任清晰、有效把控进度。

9.1.1 明确组织责任

一个有效的招聘组织管理体系应包括以下内容：资源配置管理、职位发布管理、简历筛选管理、面试组织管理、录用决策管理及绩效评价管理，具体详见图 9-2，每一级具体如何来定位要根据企业的实际管理模式来定，以下是以公司化组织管理模式为例来设计的招聘组织管理体系。

1. 公司级

➢ 负责资源管理体系搭建。

➢ 负责外部资源的获取及协调推进，对内部资源进行归口管理。

➢ 负责与职位发布相关的管理制度的制定并发布管理规范。

➢ 负责录用政策的制定及审计管理。

➢ 负责面试组织相关流程制度的制定及管理。

➢ 负责高层次人才及大型专场面试的组织管理。

➢ 负责高层次人才的录用决策，并对中基层人才录用进行审计管理。

2. 业务主体级

➢ 协助公司层内外部资源的组建及维护。

➢ 负责下属部门级职位的发布提报及实施。

➢ 负责下属部门级重点简历的管理及中高层人才面试的组织及监管。

➢ 负责下属部门级高层人才录用的审批管理。

➢ 服务、指导支持下属单位进行人才招聘管理。

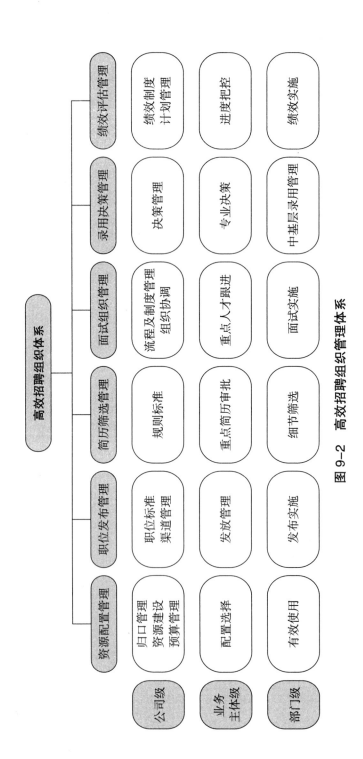

图 9-2 高效招聘组织管理体系

3. 部门级

➤ 在资源体系下做好本单位的配置管理。

➤ 搜集简历并进行筛选入库管理。

➤ 负责中基层人员的面试预约、引导、现场参与及协调反馈等具体面试事宜的实施。

➤ 负责中基层人才录用决策文件的编制及报批。

➤ 负责候选人、用人部门等各单位间的持续沟通。

如上，公司、业务主体、部门三者之间既相互独立又相互依存，公司代表大的战略方针，业务主体代表战略执行与管理，部门代表具体细节的实施与落地。人才招聘是一条线而非一个点，各个环节缺一不可，且需要有效联动。正如人才招聘绝不仅仅是人力资源部门的问题，更是整个公司各部门之间协同共进的必要工作一样。

9.1.2　明确员工责任

谁负责什么单位、什么专业、什么层次的人才招聘，在招聘团队成员中要明确。具体可按照招聘工作能力与阅历来划分，招聘团队中能力强、资历较深的 HR 招聘主管可负责招聘层级高、招聘难度大的岗位，资历较浅的 HR 招聘主管可负责层级相对较低、招聘难度较小、招聘工作量相对较小的职位。也可像猎头公司一样，根据 HR 擅长的专业领域，对招聘团队成员进行责任划分，如擅长互联网行业的、擅长金融行业的、擅长制造行业的等。总之，人的责任要根据团队中 HR 的能力特点在计划中明确下来。

9.1.3　明确到位时间

招聘实施计划中，招聘的职位有紧急程度、重要程度之分，因此在招聘实施计划中，必须要明确相应职位的到位时间及招聘的各时间节点，具体可以参照下表。

表 9-1　招聘实施周期表

岗位名称：　　　　　　　　　　　　　　　　　　　　招聘责任人：

实施周期　　岗位层次 招聘环节	□高层	□中层	□基层
简历搜集与筛选	10 天	8 天	6 天
面试邀约与组织实施	6 天	5 天	4 天
协议谈判	7 天	3 天	2 天
录用决策	3 天	2 天	1 天
入职跟踪	30 天	30 天	30 天
合计	56 天	48 天	43 天

实战案例

华为招聘实施计划

华为对招聘计划及招聘实施的管理是非常科学规范的。同时对用人部门提出的计划和人力资源部的招聘组织实施均有较严格的规定，对招聘提出了较高的要求。它规定用人部门必须加强人员招聘的计划性和前瞻性，所招聘的岗位必须包含在部门的用人计划中。招聘计划的最终输出，即所有招聘岗位均要经过华为人力资源招聘调配部的复核及人力资源部总裁的审批。对于计划外的岗位，部门必须单独进行申请，申请内容包括人员招聘的原因及该职位的职位说明书。

华为招聘实施计划是由人力资源部门根据用人部门的增员申请，结合企业的人力资源规划和职务描述书，在明确一定时期内需招聘的职位、人员数量、资质要求等因素后，制订的具体的招聘活动的执行方案。其招聘实施计划一般包括以下内容。

➤人员需求清单，包括招聘的职务名称、人数、任职资格要求等内容。

➤招聘信息发布的时间和渠道。

➤ 招聘小组人选，包括小组人员姓名、职务、各自的职责。

➤ 应聘者的考核评价方案，包括考核的场所、大体时间、题目设计者姓名等。

➤ 招聘的截止日期。

➤ 新员工的上岗时间。

➤ 招聘费用预算，包括资料费、广告费、人才交流会费用等。

➤ 招聘工作时间表，尽可能详细，以便于与他人配合。

➤ 招聘广告样稿。

在招聘实施计划编制的过程中，华为各部门干部部要按照《岗位需求申请表》的要求，向招聘调配部提供招聘岗位信息，并保证信息的完整性、准确性和规范性，招聘调配部对部门提出的岗位需求进行复核，并与干部部共同策划招聘活动实施方案，联系广告部实施广告投放。干部部负责向招聘调配部提出招聘岗位需求，协同招聘调配部完成招聘活动实施方案的策划。

华为的经验告诉我们，一个好的招聘计划不仅仅是告知相关部门招多少人、招什么样的人，还要体现出用什么方式能及时地把人招聘到位。因此，招聘实施工作的安排是保证人才招聘到位的关键。

9.2　内外招聘渠道优化组合

鉴于企业对人才招聘的需求以及应聘者层次的差异，人力资源部门在选择招聘渠道时应对招聘职位进行分类；同时，在招聘渠道的选择上要趋利避害，以效率、质量、成本、服务为基本原则。随着招聘渠道的多元化，企业人力资源部门在选择时要多方面了解渠道的解决方案。

9.2.1　资源配置的三原则

资源配置的目标是为人才招聘提供方向及策略性选择，应尽可能精准地定位目标人群，实现快速招聘。对口招聘人员层次高低的不同，相应的资源配置也不同，但通常而言，资源配置离不开以下三大原则。

1. 以企业特点为导向原则

有些企业在与猎头供应商的合作中受益较多，而有些就比较排斥猎头供应商，对猎头推荐的高层空降人员持怀疑态度，他们更倾向于内部推荐知根知底的人选或者 HR 部门自主寻聘。比如，业界有名的宝洁、华为，每年都要通过校园招聘储备培养人才。

表 9-2　不同企业特点的渠道倾向表

企业类别	企业特点	渠道倾向
国有企业	内部固有的用人体系及文化相对比较稳固，倾向于寻求熟悉内部流程运作、认同内部文化的人选	内部轮岗 / 提升、内部推荐及外部对口业务单位人选
外资企业	看重可培养性和可塑造性，考虑整体综合素质，弱化对专业能力的要求，后期再专项提升各自的专业能力	基层及后备人员培养倾向于有语言基础的应届学生，如宝洁管理培训生项目
民营企业	以实用为导向，看重人才的实际能力。"英雄不问出处""白猫黑猫，能抓老鼠的就是好猫"，对人员的学历背景等不做太多关注，他们更侧重于考察人员在复杂环境中完成业务目标的能力	选人用人往往不拘一格

事实上，无论是哪种性质的企业、选用外部招聘或者内部招聘、选人标准灵活还是相对保守，其实都是本着促进企业发展及组织目标实现的目的而进行的人才配置，企业 HR 要尽量避免拘泥于企业性质的固有特点而限制住招聘思路。

2. 以人才猎聘为目标原则

通过所有可用的外部机构、渠道形成的资源，主要包含猎头供应商、招聘网站、第三方人才或培训机构、行业及政府资源等，对不同层次、类别的企业和人员进行充分的选取和利用。外部资源相对内部资源来说范围更广、专业度更高。总而言之，就是充分调动一切可以利用的资源、拓宽人才输入通道、成功猎聘人才。

3. 以费用预算来修正原则

有多大的能力干多大的事。在企业招聘工作中不管采用何种方式去招聘始终离不开费用。有些企业由于费用有限，无法承担高额的猎头费用，就连花费在主流网络招聘媒体的额度也是很少，此种情况下，即使 HR 部门再偏好猎头招聘、再希望借助社交媒体，也只能是"巧妇难为无米之炊"。整体而言，预算费用是招聘渠道方式选择的一种修正，主要考虑以下几个原则。

- ➢ 以企业的财务承受力为前提。
- ➢ 以企业制定的政策框架为依据。
- ➢ 特殊人才可实施特殊渠道管理。
- ➢ 不招低于政策框架的人才。
- ➢ 依业务量变化适时滚动调整。

9.2.2　优先匹配内部资源

用好内部人才资源有两层含义：一是用好现有的人才资源，减少外部人才招聘；二是用好现有的人才去发掘其他的社会人才资源。

1. 优先寻聘内部人才

内部资源包括所有由内部人才所形成或产生的资源，指内部现有的人力资源存量及结构，如纵向高中低不同层次的人员；横向研发、销售、管理不同系统的人员；本科、硕士、博士及以上不同学历、不同素质层次的人员。根据岗位职能及素质要求应先从内部选取对应的人才。此类资源可通过内部人才竞聘上岗、考评晋升等方式获取。比较重视内部人才市场化管理的企业会建立起内部招聘管理体系，定期发布内部人才招聘信息并组织招聘会从中选聘人才。

2. 互联互通人才资源

充分利用好内部人员所具备的家庭、社交网络关系。著名的哈佛心理学教授斯坦利·米尔格兰姆认为："你和任何一个陌生人之间所间隔的人不会超过六个，也就是通过任意的六个人，我们就可以结识一位新朋友。"这就是六度分割理论的雏形，它在人才招聘这个领域同样适用：即在猎聘者进行人才选拔的过程中，可以通过既有的联系"顺藤摸瓜"找到适岗的人才，这是用好内部资源的一种方式。

此类资源能够有效形成内部人才的举荐，尤其对行业内对口企业优质人才的推选及录用特别有效。比如，有些企业办的 OA 界面会有专门的内部推荐板块，并设置有专门的奖励标准。内部员工可通过公司发布的人员招聘信息推荐自己的朋友或同行应聘，并在该界面板块上看到被推荐人的面试进度以及推荐成功后的奖励。

9.2.3　如何匹配外部资源

根据人才的层次、人才在市场上的稀缺性、流动性以及人才流动的喜好与渠道来确定招聘资源，并施以不同的面试策略及方法。

1. 中高层次人才

用高端好资源：对高层人员而言，将个人简历公开挂在招聘网上是不可能的事，他们对知名度不高的猎头信任度不高，而更倾向于在行业高层峰会上或者业务交流中与用人单位的高层领导直接交流或将信息委托给知名猎头去合作。让企业的高层管理者参与，表示企业会给予候选人足够的尊重和价值实现平台。此外，要倾听候选人对企业是否有负面的信息，在工作及生活方面是否有其他顾虑。

用中端优秀资源：对于具备一定工作经验的优秀企业员工，他们会陆续收到猎头的寻聘邀约，也乐于与猎头进行意向沟通。因此对于中层人员，猎头，尤其是业内知名猎头是寻聘中层人才的主要渠道。企业在选用猎头供应商时，要对其在行业、职能方面的专注度、业界口碑、内部顾问的专业程度等方面进行有效考量。

2. 一般层次人才

用中低端优秀资源：中低端人才的类别属性相对比较强，尤其是在特有的圈子中。比如，要招聘基层软件编程人员，就可以参加某个主流媒体的论坛社区讨论、某款知名网游的见面会或者通过新兴的拉勾、脉脉招聘软件、App 及专业的招聘网站（智联招聘、前程无忧、猎聘网等）搜寻大量候选人资源。

3.国际化人才

"国内猎头能够有效触碰到国外人才资源的毕竟相对有限",我们的团队其实已经成功猎取过多位外籍人才,我本人就曾成功挖过英、德、印人才。截至当前,类似于 Fesco、Linkedin 等全球性的劳务派遣、人才招聘社区门户相对比较少,国际人才的招聘仍得深入属地市场,寻求各国属地的招聘渠道,采用"接地气的方式,或通过属地报纸周刊等发布信息招聘。相信在未来,随着世界经济一体化进程的不断推进、我国世界级公司的不断涌现,人才和企业都将面临无国界流动。

表 9-3　人才与资源匹配表

渠道资源 / 人才性质	特　　点	渠道组合
中高层次人才	中高层职位,流动性较强,倾向于间接求职	猎头为主,业务部门推荐为辅
一般层次人才	市场资源充裕,易于流动,行业性较强	招聘部门
国际化人才	人才分布范围广,国内渠道较少,招聘成本较高	属地招聘渠道

9.3　如何有效控制招聘进度

人才招聘计划在招聘具体推进过程中,会受很多方面因素的影响。如业务推进的时间节点是否发生了变化?内部人才的调整补充是否已经满足岗位需求?或者经过一段时间的排查,发现外部市场确实没有能够满足招聘需求的人才,企业的发展目标是否发生调整以及行业发展的风云变化等,这些都会在一定时期内成为决定招聘计划推进进度,甚至是否继续实施招聘的因素。因此HR 部门就需要对计划的推进进度进行时时分析,具体从以下几个方面来做。

9.3.1　分析招聘计划完成进度

为确保招聘工作能高效有序推进，HR需要对各招聘计划建立一个"招聘进展档案"，以实时监控每个计划的推进情况，方便对未在计划期内完成的岗位进行特殊关注和问题分析、对HR的工作成果和工作质量进行评估。

9.3.2　影响进度原因分析

1. 渠道影响因素

选择不同的招聘渠道，对招聘计划推进进度的影响是不同的。一般情况下，对于同一招聘职位，猎头渠道因其目标性和针对性较强，且专人专事，推进进度较快；网络渠道的资源范围较广，但需要HR主动去搜索，推进进度位居其次；然后是现场招聘会，由于招聘信息传播狭窄、参与应聘的人才有限，以及执行过程复杂，在当今时代属于推进进度较慢的渠道。当然，除招聘渠道类型外，同一招聘渠道的供应商质量和专业情况也会对招聘计划推进进度产生非常关键的影响。

2. 过程安排影响

简历推荐的速度取决于所选择的招聘渠道，但简历收集上来之后的进度则取决于过程安排是否紧凑高效。这反映了一个企业的日常业务流程，同时也反映了一个企业的用人文化和价值取向。例如，有的企业特意将面试环节设成六轮甚至更多；有的企业面试次数不多，但每一次的面试官都特别难约；还有的HR忙于日常的一些其他工作，顾不上给候选人安排面试和后续工作等。

3. 招聘条件影响

招聘条件由岗位的职能职责决定，同时也受制于外部人才市场的资源情况。超出职能职责要求和外部人才所具备素质的招聘条件的，都会因为"档次过高"而难以继续推进招聘。企业在输出一个招聘计划的同时，往往伴随着招到"最优秀人才"的意愿，因此经常会带有一些与招聘岗位无关的附加条件，不论工作性质，也不考虑企业自身和外部市场的客观情况，一味要求人才既要专业过关，还要通用能力出众，另外还得形象气质佳，招聘推进进度可想而知。

4. 政策待遇影响

综合而言，待遇政策是影响招聘计划推进进度最关键的因素。常言道，重赏之下必有勇夫，没有吸引候选人的待遇政策，再合理的招聘条件、再有前景的工作，也还是难以招到适合企业的人才。不排除会有人才为理想而献身，但多数人还是希望通过待遇的提升来体现自身的价值，同时还得满足"养家糊口"的刚性需求。

5. 业务需求影响

招聘计划由对业务的深入分析得来，因此招聘计划的推进进度也与业务的推进情况息息相关。业务开展进度快，对人才资源输入的要求就相对紧迫，亟待新人解决因业务发展带来的新问题；业务开展的进度慢，业务上需要解决的问题也相对较少。另外也要考虑用人成本，没有业务"逼债"，对人才的需求就相对较少，招聘计划的推进进度也相对较慢。

9.3.3 成功职位的经验分享

1. 让成功者分享成功经验

招聘的成功，不夸张地说，需要天时、地利、人和。既要有恰当的时机、符合企业需求的市场条件、符合人才期许的地域，还要有企业与人才的心意相通、默契合作。虽然多了一些偶然的因素，但对于招聘和应聘成功者而言，软硬件方面的条件和准备是其中最为关键的因素。因此，我们有必要让成功者为HR分享他们成功的经验，以便在日后的招聘工作中取长补短、趋利避害，提高招聘的成功率。

对于招聘成功的HR，我们可以向他了解是哪些有利的因素打动了候选人，HR又是通过什么方法避免了不利因素对招聘的影响。对于成功的应聘者，我们也可以请其分享企业的哪些因素最终促使其决定加盟。

2. 让大家为失败者"找碴儿"

如果招聘失败了，所谓的失败者，不是只有HR，也有用人部门和应聘者本人。找碴的目的不是确定失败的责任由谁承担，而是寻找出失败的原因到底是什么。"找碴"的方式可以灵活，如由 HR 主动与业务部门沟通交流，或者由 HR 总监组织人力部门与业务部门共同开会探讨问题之所在，到底是因为渠道选择不恰当？待遇政策不合理？条件要求不客观？还是因为企业的用人文化和价值导向存在问题？

9.4　人才招聘计划滚动管理

企业的年度业务计划编制完成后并非一成不变，而会随着市场需求的变化而变化。这将带来对人才需求的变化，同时，企业现有的人才也可能随时面临流失、岗位变更等，这些变化会带来招聘计划的变更。因此，招聘计划需要根据实际的变化需求和人才环境的变化进行适时的调整。

1. 时时掌握业务进度变化

要时时对业务运行情况进行跟踪，要特别关注未按照年度分计划节点开展的工作项目，关注项目进展情况及其对人才招聘需求的影响，为招聘的滚动计划提供依据。

表 9-4　业务进展与人员配置需求跟踪表

工作项目	进展情况			说明	对人员招聘的影响		
	提速	正常	延期		加快招聘	正常招聘	延缓招聘
工作项目 1							
工作项目 2							
工作项目 3							

2. 计划随业务变化而变化

招聘计划的变化仍按流程来进行系统编制并评审，评审后形成的调整计划表如下，同时要对年度招聘预算进行相应的调整。

表 9-5 招聘计划调整表

业务系统	年初计划	×年×月计划调整情况			调整后计划
		小计	本月新增	本月减少	
总计					
×× 系统					
×× 系统					
×× 系统					

3. 关注过程，提高质量

招聘计划的可实施性以及实施的结果如何，作为计划管理者，要建立起计划的运行评价机制，根据评价结果不断修正相关管理要素及环节，如计划岗位在市场上有无相应的资源？哪家渠道最优？招聘政策是否有竞争力以及招聘组织管理的有效性、需要做哪些优化调整等。招聘计划的制订除考虑战略、业务、人力资源规划、岗位和执行外，还要考虑招聘过程的跟踪与反馈机制，要对即将发生的招聘行动有过程管控的方法。对于这些方法的规划需要从以下几个维度考虑。

（1）计划跟踪：主要跟踪招聘计划是否科学、合理和全面。一方面要考察相关阶段是否有人才浪费和人才不足的现象，另一方面要考察所制订的招聘计划是否符合组织的战略目标和业务未来的发展需求。

（2）渠道跟踪：主要跟踪招聘渠道选择的有效性。很多企业一开始就没有具体分析各招聘渠道之间的差别，盲目投放招聘信息，产生大量不合格的应聘者，影响整个招聘进程。因此，应考察不同招聘渠道的效果，根据所招聘职位的性质和企业自身的发展状况找出最有效的招聘渠道。

（3）政策跟踪：主要跟踪政策执行的合理性，主要指薪酬政策。前文已提及，薪酬政策分体系政策和协议政策。具体采取哪一种政策是有岗位、人才能力、行业情况等标准作为依据的，对于可执行体系政策而执行协议政策的，能执行协议政策却远离"行情的"，应进行提前预测和规避。

HR 要通过以上工作，不断提高招聘的有效性及管理水平。

第十章

如何高效发布职位
——"三度"标准广而告之

　　自古招兵买马必先"广而告之"，企业通过媒介对外发布招聘职位，引起市场上人才的关注并投递简历进而筛选到合适的人才。至于怎么去"广"、怎么去"告"，让人才及时知道此信息并积极去投递简历，这是职位发布管理的重要目标。

10.1　职位发布"广度"

　　对于人才招聘信息的发布，企业必须有相应的资源和渠道，可以分为内部渠道和外部渠道两种，每一种渠道又包括不同的媒介。

1. 在企业内部发布职位

　　内部渠道包括内部招聘和内部推荐，这是在招聘内部在岗员工和让内部员工推荐外部人才，企业要充分借助内部人才这个渠道。要想让内部员工推荐人才，企业应建立完善的内部推荐人才管理制度，包括信息发布周期节点相应的内部推荐奖励等，员工能清楚地知道往哪里推荐、推荐什么人、推荐了人才有什么奖励，这样才能调动他们的积极性。

表 10-1　内部职位发布渠道表

资源来源	发布模式/渠道		优　点	不　足	需注意事项
内部	内部调配	1. 内部招聘公告发布 2. 后备人才库搜寻 3. 管理层指定选取（晋升、工作轮岗、降职、离职返聘或退休返聘）	1. 迅速快捷、无成本 2. 精而准、无成本 3. 为内部人员提供更多的职业发展空间	内部资源有限，且同质性较强	避免同一类型人员在同一部门过度集中

资源来源	发布模式/渠道	优　点	不　足	需注意事项
内部推荐	内部员工推荐公司外部熟悉的人才来应聘	相对知根知底，有效用人、避免风险	同级别新聘人员与推荐人在薪酬待遇方面容易失去公平性	尽量让被推荐人与推荐人不在同一部门

2. 在企业外部发布职位

与内部资源相比，外部资源不管是类别还是数量都要多得多，相应地渠道也多。整体来说主要包括专业招聘网站发布、招聘会现场发布、传统媒体（电视、报纸、杂志等）发布、新兴社交媒体（微信朋友圈、H5、脉脉等）发布等。根据企业的资源储备及偏好，在充分了解各渠道优劣基础上，不同类型的职位招聘信息应采用不同的发布方式。

10.2　职位发布"深度"

"发布职位"即告知目标人群。对于"告"来说，企业发布广告：一是告之该企业的战略目标、现在及未来、品牌、雇主形象、社会影响等；二是告之拟招聘的职位及职位的相关内容。

1. "告"之企业现在未来

把企业是做什么的，好的、有特色的、未来发展等有前瞻性的信息发布出去，给应聘者一个好的第一印象以提升关注度，完整的企业信息应该包括以下六个方面。

➢ 背景介绍：公司成立时间、所在地、企业性质、规模、发展历史等。

➢ 业务领域：公司的业务范围、产品类型及特色等。

➢ 发展状况：公司目前所处的发展阶段、规模业绩、社会影响等。

➢ 经营理念：公司在企业经营管理方面的一些理念及措施。

➢ 公司文化：公司推崇的企业文化、倡导的价值观。

➢ 公司未来：公司未来的发展及规划。

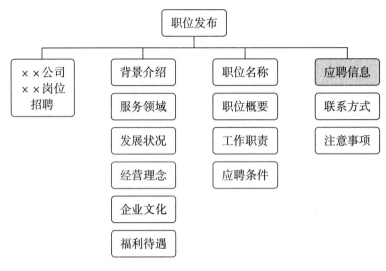

图 10-1　招聘广告内容

2. "告"之职位职责待遇

对招聘职位的相关要素、相关要求及到位时间、薪酬待遇等进行告之，着重介绍以下六个方面。

➢ 职位标志：职位的名称、所属部门，上级/平级/下级的岗位名称等管理权限及发展路径。

➢ 职位概要：职位的工作职能、内容的概括性陈述。

➢ 工作职责：职位所要求完成的工作内容及承担的责任范围。

➢ 应聘条件：职位所要求的任职资格，包括身体状况、学历、经验、能力素质、性格特点、工作态度等。

➢ 工作场地及工作时间。

➢ 薪资待遇：如工资、奖金、带薪休假、福利待遇等。

3. "告"之内容简单时尚

职位发布最终的输出物即招聘广告，是企业留给候选人的"第一印象"，直接影响后期的简历投递及招聘结果。

（1）基本结构：一份完整的招聘广告一般包括标题、企业介绍、招聘职位信息（含职能职责及素质要求）及应聘信息（主要是应聘联系方式及注意事项），同时企业可以根据自身实际情况进行增加或者删减。

（2）发布要求：选择的渠道不同，广告要求亦不相同。通常招聘网站一般有固定的模板和规格，以统一为要旨；企业官网发布或者现今流行的微招聘广告，以创意为先；报纸杂志上的招聘广告则注重版面，以精简为主。

10.3　职位发布"效度"

职位广告发布的渠道和内容确定了之后，接下来是如何确保招聘广告有效、真正激发相应求职群体对职位的兴趣。候选人对职位感兴趣才有可能投递简历应聘职位，因此企业发布职位广告时可通过以下两个方面来提高职位广告的吸引力。

1. 巧变说法，激发兴趣

一则题为"你是否在寻找一个实现自我价值的机会"的招聘广告明显要比传统的"××职位招聘"广告更有吸引力，当然企业也可以通过突出"挑战"等字眼来体现职位的关键，或者突出"出差"等职位特有属性来激发求职者的求职意愿。

2. 饥饿营销，鼓励行动

招聘从某种意义上来讲也是一种营销行为，我们也可以借助常用的"饥饿营销"手段，突出职位的急迫性、紧缺性，使求职者意识到"机不可失、失不再来"，同时在招聘广告中也可直接写明"现在就与我们联系吧"之类的话，鼓励求职者立即采取行动。

10.4　如何写好岗位 JD

人力资源在对岗位进行管理的时候，JD（职位说明）就成了 HR 重要的管理要件。如果一个 JD 写得清楚，它就能够提供足够的信息，可以直接导出绩效评价内容、岗位评价信息、能力模型需求、培训需求，从而形成一个人力资源工作的链接，形成 HR 的工作价值网络，而非人力资源模块孤岛，彼此之间没有连接。

1. 岗位定义

（1）岗位名称

这个岗位叫什么？具体的抬头是什么？建议的名称方式是"工作内容＋职位等级"。比如"培训高级经理"培训是工作内容，高级经理是职位等级。再如"营销副总裁""研发经理"等。

（2）岗位编码

建议给每个岗位进行编码，因为叫同一岗位名称的职位可能有好几个，在不同的组织中，一般推荐针对岗位的 JD 设立一套编码机制，这个编码的作用和员工号一样，用于对岗位进行管理，使得岗位具有唯一性。

（3）岗位意义

即为何要在组织内部设置这个岗位？岗位存在的价值是什么？组织如同一台机器，岗位如同机器中的齿轮，齿轮和齿轮是互相啮合的、岗位和岗位之间的价值是互相关联的，每个齿轮在机器中都有自己的功能，这个功能就是岗位存在的价值。

因此，HR 需要在 JD 中描述岗位的价值，推荐的语法是岗位意义 ABC，即"提供 ×× 的价值和作用（Availability 可获得的作用），以满足组织的 ×× 的需要（Be able to 能够），在 ×× 的条件和标准要求下（Constraint condition 约束条件）"。例如，"招聘经理要为总部直属部门的空缺岗位提供合适的候选人、吸引更多优秀的人才进入组织，从而确保各个部门岗位的绩效得以发生，在公司今年整体人力资源预算的框架内，促进组织目标的实现。

2. 工作环境

工作环境包括工作的物理环境和人际环境，人际环境又分内部和外部环境。

（1）物理环境

在哪里办公、地点的要求等。比如，IT 运维的物理环境不是在办公室内，而是在机房内。比如，有些咨询顾问的工作环境 50% 需要在客户的现场驻场交付。

（2）内部人际环境

人际环境分为内部人际环境和外部人际环境。内部人际环境可以以一幅组织架构图的思维来进行解码，包括汇报给谁、下属人数、下属的下属、构成的管理幅度有多大、需要跟谁协同、需要跟谁有接触等。

（3）外部人际环境

有些岗位有外部沟通职能和场景，如供应商、客户等；沟通的人际环境越多，说明这个岗位的工作环境的复杂程度越高。因此在职位评估中，这类岗位的评级也往往会高。

3. 任职资格

做好这个岗位的工作大致需要哪些条件，笔者认为分为"三力"：经历、学历、能力。

（1）经历

做好这些工作的前置经历需要哪些？比如，某个企业的财务总监，根据岗位的需要，需要"上市公司的 IPO"这份经历；某互联网公司的产品经理，需要"独立运作过一个 1000 万名用户的 B2C 的在线内容产品"等。这和读大学的时候没有读过电磁学的学生不能选修电磁学实验这门课是一样的道理。

（2）学历

做好这份工作，需要哪些学习的过程？比如专业学位的要求、证书的要求。比如，某企业的产品经理，因为负责项目制模式运作产品的发布，需要有 PMP 证书的要求。某企业的岗位培训师，需要有国家人保部的培训师二级的职业资格；当然这里都会标注一句：优先考虑。因为这些不是目的，只是我们对于完成这些任务的假设，我们假设有这些学习的经历，高绩效完成任务的可能性更高。

（3）能力

要完成这个岗位的任务，需要哪些能力？最简单的方法就是直接从各类能力字典中去选择能力。这里需要强调，能力必须是具体的、能够面向岗位场景的。比如，一个销售岗位，不能写"沟通能力"——哪些岗位不需要沟通能力？而需要写"顾问式销售技能"，从而体现岗位和岗位的差异，这就要求 HR 对岗位的实际情况了解得清楚。

4. 任务职责

整个 JD 最核心的是什么？是任务职责的定义，即这个岗位的人需要做什么事情、履行哪些责任？上述 3 个模块信息都是为这个信息服务的。

（1）关键任务

如何来有效界定任务职责呢？我们首先普及几个语法知识点。我们一般写一段话，都会写"主谓宾"的结构——主语是主体，即某个人，在 JD 中的所有主语，默认为岗位的贡献者；谓语就是动作，即主体的行为表现；宾语是主体行为表现的对象，是一个客体。通过这种主谓宾的表述，就完成了对一个任务的描述：即"谁做什么"，再丰富下就是"谁（主语）—如何做（谓语）—什么（宾语）"！什么叫任务职责？就是对岗位的主体，需要在组织中做什么的一个宏观的描述。

既然主语就是岗位的贡献者，那么我们在编写 JD 的时候，前面就可以简单地以"动宾结构"的语句出现！比如，编写年度培训预算、组织每月的新员工培训，等等。在语法上，还有种语法叫"状语从句"，就是用来对前面一句话进行修饰。因此，也有时间、地点、原因、条件、目的、结果、让步、方式和比较等状语从句。在写 JD 的时候，我们经常用"结果状语从句"强调这个任务应该达到的期望目标和结果。比如"检测（动）即将上线的产品的程序稳定性（宾），以确保上线产品的运行无缺陷，不会因程序运行缺陷引发投诉（结果状语从句）"。

（2）次要责任

熟悉项目管理的都知道一个 RACI 矩阵，后来衍生为 RACIS 矩阵。对于一个岗位，除关键的任务责任外，还会有一些次要的任务和责任，有些书里面会称它们为"周边绩效"。因此，这里需要列出这个岗位的次要责任有哪些。

比如"支持（动）年度企业文化活动（宾），以确保企业文化活动作为 HR 重大项目得以顺利完成"。问题来了，次要责任从哪里来？可以实现在规划群体（部门）责任的时候，通过 RACI 矩阵来界定。

（3）考核要求

这里毕竟只是 JD，不是岗位目标责任书，因此这一项只是一个信息的链接。当然，要细化的话，可以界定考核的结果和过程两个层面的几个指标点。

上述基于 JD 的四个组件和衍生出的 12 个维度的信息可以帮助大家系统地进行 JD 的设计，也可以帮助大家全面了解一个好的 JD 应该长什么样。

10.5　职位发布案例模板

在以"80 后""90 后"为主体的年代，招聘广告也得"符合时代特色"才能吸引足够多的眼球，既能有效传达信息，又能彰显公司文化与个性，对此，职位发布应做到：设计精彩、文案精致、内容精细，以下是职位发布的案例模板。

参考模板：××公司人事行政助理岗位招聘

一、公司简介（略）

二、职位情况介绍

1. 职位名称：人事行政助理

2. 所属部门：人力资源部

3. 主要工作职责：按照公司政策、技术销售与服务体系的业务要求，开展人力资源招聘调配、学习与发展、任职绩效、员工关系等模块工作。

三、任职资格要求

1. 专业：人力资源管理专业及其相关专业

2. 工作经验：1 年以上大型企业 HR 业务工作经验

3. 学历：重点大学本科及以上学历

4. 能力：拥有系统的人力资源管理理论知识体系，掌握业界先进的人力资源理念，对招聘调配、学习发展、任职绩效、员工关系等模块中至少某一模块有成功的实战经验；英语 CET4 及以上，听说流利，可作为工作语言。

四、相关人力资源政策

1. 薪酬水平：面议

2. 培训学习：入职后按照工作需要进行培训学习

五、要求及联系方式

请发简历，写明工作经历及薪资待遇要求。简历接收信箱：××××@ ×××. com，请注明申请职位名称及简历来源（通过猎聘网或 ×× 官网投递）。

本岗位应聘截止日期为：20×× 年 ×× 月 ×× 日。

第十一章

如何组织好招聘会
——树品牌、招人才并举

案例1

北京某外资公司位于市中心繁华商业区写字楼内，比较吸引一些都市年轻女性。总经理为外国人，在中国留过学，自认为对中国国情很了解。因发展需要，公司计划通过社招方式招聘2名助理和30名营销人员，总经理定招聘标准为：助理最好是女性、营销人员要求是男性、英语较好、形象气质好、最好是名校毕业。首先，公司在网上发布招聘会信息，并留有简历投递通道，需要完成线上测试才可参加。其次，人力资源部门制订本次招聘会组织方案，经评估，由于公司会议室资源有限，决定在公司一层的大厅举行招聘会，由人力资源总监担任招聘小组组长，由总经理介绍公司情况和发展前景，从营销部门选拔抽调几名面试官，为方便候选人参加，特地安排在周六举行。再次，人力资源部门提前五天给投递简历的200余名候选人发送参会邀请，并电话确认能否按时参加，有110人回复能参加，并将此情况反馈给总经理。最后，在招聘会现场实际到场70人，有90%为女性，总经理用英文慷慨激昂地进行了公司介绍，在问答环节中，大家关注的问题主要集中在公司是否要求能使用英语作为工作语言，公司周六是否会选择性地安排上班……

现场收到简历62份，其中女士56人，男士6人。为满足营销人员招聘的缺口，人力资源部门当场宣布10名女士和6名男士进入面试，现场顿时一片沸腾。多名女士质问人力资源部门，为什么邀请我们来却不给面试机会？为什么男士全留下面试？明显是有性别歧视！总经理顿时摸不着头脑，为何现场这么多女性情绪如此暴躁？人力资源总监请给我一个解释！

案例2

某珠宝公司，成立于2016年，在职员工共一百多人，业务处在扩张期，招聘需求较大。人力资源部共四人，两名招聘专员、两名人事专员；当时公司需求较大的为电商、商品、展厅、珠宝设计等基础岗位，为了缓解招聘压力，人力资源部决定组织几场校园招聘。

2017 年 11 月校招正式开始。第一步，让招聘专员联系清华、北大招生办，计划通过名校打开企业知名度，奈何无法联系上北大、清华招生办，最后将招聘会地点选在这些名校旁边的酒店。第二步，为不影响公司各项业务运营，人力资源部没有邀请用人部门代表参加招聘会，招聘小组仅有两名招聘专员。第三步，两名招聘专员对招聘会现场进行简单布置，招聘会开始后现场门可罗雀，参会人员多来自高职院校，多数人只是路过看到才前来观望。第四步，其中一名招聘专员对公司进行了介绍，但是面对参会人员提出的有关公司发展战略等问题时，该专员明显有些答非所问。第五步，参会人员没有经过测评，由两名招聘专员直接在现场进行面试，没有笔试环节。

最后，招聘专员对学校及专业背景尚可、综合素质较好的 2 名候选人发出签约邀请，候选人当场表示需要再考虑一下，因为他们不清楚这家公司未来安排自己具体干什么、有什么样的发展空间，仅一下午的接触就要决定自己未来的工作，两个人内心极度忐忑。因此，该招聘会草草收场，并无收获。

针对处于成长期或成熟期的企业来说，有时急需大批量的人才。由于需求量大、时间紧、任务重，用常规的"钩和网捞"的招聘方式肯定无法满足，这时候就需要用"大网捕捉"的方式——组织企业大型专场招聘会。这种大型专场招聘会不同于市场上的人才招聘会，它通过企业人力资源部充分调动现有渠道资源，召集候选人到指定地点，进行集中面试和招录。

11.1　组织召开招聘会的意义

1. 规模大

大型专场招聘会需要动用全公司各部门整体作战，在面试招录过程中可以相互交流、共同探讨业务、吸引人才。应聘人员多，人才来自五湖四海，企业可以利用此机会去宣传企业的战略、品牌及雇主形象、用人之道，对今后的人才招聘带来好的效应。

2. 组织好

效率高是规模大这一特点的延伸，由于参加应聘的候选人数量大，有利于用人单位择优择贤录用，并在较短的时间内达成共识、签订协议。

3. 资源多

组织一场成功的大型招聘会，需要组织者对公司内外资源进行有效的整合，这就需要在招聘会的组织策划、资源调配、各单位及候选人的协调、现场管理等方面做出细致的规划，使得整个流程有秩序、有条理。

11.2　社招招聘会的组织管理

11.2.1　招聘会前准备

1. 确定会议时间

时间选取上要尽量考虑企业与候选人双方大多数人的方便时段，这是保证参会人员到会的前提。

2. 确定会议地点

针对招聘会招聘的人才层级目标的不同、候选人的参会便利性和保密性等因素，来选定相匹配的场地，如针对高端人才可选择相对高端的场所及面试官队伍，并要从候选人的角度考量，尽量避免与候选人单位离得太近。

3. 会前邀约

对于目标范围内的候选人，公司可提前通过邮件或电话进行联络邀请，保证现场的到位率。

4. 强调大会主题

明确此次招聘是针对什么业务，确定招聘会主题，根据主题确定面试形式。

5. 具体位置、优势

在大型的招聘会上直接发布超大展位的招聘、豪华布置，以吸引应聘者目光，达到简历数量最大化的目的。

11.2.2　会前沟通与要求

1. 动员沟通会议

沟通招聘会安排，分配工作，会议准备；培训话术及相关工作内容（见表11-1）。

2. 管理层会议

与公司领导层沟通，保证参会领导能对企业文化、历史及管理精髓进行完美的诠释。

表 11-1　招聘会工作规划清单

分类	环节	项目	责任人	到位时间	备注
招聘会现场	硬件准备	品牌宣传×展架			
		品牌、商品宣传页			
		招聘海报/招聘A4宣传页			
		笔记本			
	人员	公司领导			
		面试官			
		业务部门人员			
		服务人员			

11.2.3　过程组织到位

组织大型招聘会的主要目的是快速高效地吸引人才，体现在招聘会的流程上就是组织有序、忙而不乱、分工明确、各司其职。会议开始前要对参会人员进行集中培训，详细解说大会议程和人员职责，确保所有参会人员都清楚自己的定位。另外，大会主持团队和组织团队要对会场进行监督和协调，当出现意外情况时，组织者不能慌乱，要确保招聘会的顺利实施。

11.2.4　大会总结及录用发布

通过大会总结，将招聘会的录用结果进行公示，保证候选人能及时准确获取录用信息，并宣布将把未通过的候选人的信息录入公司人才库，如果将来有更符合的岗位将优先予以考虑。

11.3　校招招聘会的组织管理

11.3.1　会前准备

1. 确定招聘日程

近几年，校招季的"抢人大战"趋于白热化，各大企业在开学季"扎堆"入校招聘。企业应在开学前两周内联络各大院校确认宣讲会日期，同时关注同行业单位的行程，以合理安排招聘日程，占领时间"先机"。

2. 招聘信息发布

在各大招聘网站门户、校内就业网、企业官网、企业微信公众号以及学生微信或QQ群内发布线上招聘信息，在入校前可借助本企业的校友和校园大使深入学生中间进行线下宣传，尽可能全地将招聘信息覆盖到目标人群。如果能通过网站等资源获得目标人员的联系方式或邮箱，可提前三天发送邀请函。

3. 确定公司出行人员，合理安排分工

根据公司工作安排，选拔能在规定时间内出行的招聘小组成员。考虑本职

工作延误成本与差旅费成本，每个小组成员在6—8人为宜。组长掌控整个招聘会的进度，拥有关键节点的决策权；宣讲官作为企业的第一张名片，要充分了解企业的"前世今生"，与学生的融入性要强；面试官要从用人部门和人力资源部选拔，经过专门的方法技巧培训，高效、准确识别候选人；招聘小组其他成员负责整个过程的流畅运行以及突发事件的处理。

4. 招聘物料准备

结合校园招聘"EVP"和企业招聘简章内容，设计宣传主视觉；根据企业本季招聘行程，确定所需折页、海报和易拉宝等宣传物料的数量，在招聘开始前发放至各个招聘小组；同时，为增强与学生的互动、拉近与他们的距离，公司可准备适量的小礼物在招聘会现场发放。

11.3.2　组织实施

1. 召开招聘小组调度会

招聘小组成员应在招聘会前集中召开调度会，再度明确分工，各成员及时向组长汇报工作进展和问题，确保准备信息的实时互通。

2. 招聘实施

招聘会现场由一名主持人负责全场进度把控、一名宣讲人介绍企业情况，HR及其他嘉宾负责答疑。不论现场是否会直接进行面试，HR都需要把后续详细安排和时间节点告知参会人员，让参会人预留时间的同时也塑造企业规范化招聘的形象。

3. 应急事件处理

校园招聘会不同于社会人才招聘会，社会人才招聘会的参会人员事前都经过定向邀约，双方目标明确；而校园人才招聘会的参会学生很多抱有"观望"心理。为确保招聘会的效果，招聘小组应提前一天去现场彩排，并演练对可能的突发事件的处理，避免招聘会现场出现"车祸"。

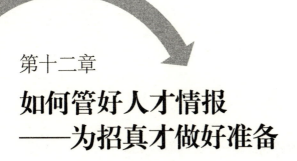

第十二章

如何管好人才情报
——为招真才做好准备

实战案例

案例1：信息资源助推机制变革——美国酒驾立法

1970年，美国国会立法成立了美国高速公路交通安全管理局，主要负责建立和管理交通死亡事故分析报告系统，同时将被授权监督各州政府的交通死亡数据定期上报。各州交通管制部门在保证联邦基本数据采集之外，还可根据本州具体需求，增加其他采集的项目。

根据联邦调查局发布的美国犯罪报告，2013年全美共执行逮捕1130.2万人次（注：1人可能1年内多次被逮捕），在庞大的犯罪数量中，因醉酒驾驶被逮捕的竟然达到了116.7万人次，占总数的10.3%。美国高速公路交通安全管理局每年都要发布交通事故死亡年度报告，其数据主要来源于美国交通死亡事故分析报告系统（建立在科学基础上的交通事故数据库和数据采集标准）：2013年全美交通事故共造成32719人死亡，其中10076人在酒驾事故中丧生，占全年交通事故死亡总数的31%；酒后驾驶交通事故导致的经济损失，更是令人咋舌地达到了59.4亿美元之巨。因饮酒过量而引起的酒后车祸已演变成美国一大公害。

自1980年以来，联邦和各州政府已经通过了2300多条反对醉酒驾车的法律。在漫漫长夜里向减少酒驾事故的目标奔袭了100年的美国，终于迎来了国会制定标准、各州立法实施、全美共同治理的法治之光。

综上，信息采集、信息整理、信息清洗、信息分析、信息序化、信息存储、信息建模这一链式流转过程作为社会管理决策基础，是政府成功实施社会管理的关键因素之一。通过引入大数据理念和科学的数据信息处理模型得出酒驾是导致交通事故最主要的原因，建立美国酒驾立法机制，是信息情报在社会管理科学化上的一个成功案例。

1944 年春，第二次世界大战接近尾声。为了加速德国法西斯的灭亡，英、美、法同盟军决定在诺曼底登陆，开辟第二战场。诺曼底登陆战役是第二次世界大战中最大的一次登陆战役，也是人类战争史上规模空前的一次登陆战役，它的胜利为开辟欧洲第二战场奠定了基础。

佯动造势，演绎现代"空城计"：运用佯动造势是盟军在诺曼底登陆战役中用谋的一大特色，其伪装手段的天衣无缝，演绎了一幕别具特色的现代"空城计"。这些"合乎情理"的虚假信息令德国人不得不放弃了从那里抽调陆军的打算——盟军有效达成了牵制对手兵力的目的。

假戏真唱，暗度陈仓：为了避实就虚，盟军假戏真唱，在加莱对岸的英格兰东南部，大胆地上演了一出由巴顿将军领衔主演的假戏，使得对手在诺曼底只有一个装甲师驻防——盟军达成了避实就虚、"暗度陈仓"之企图。

巧捕盲点，险中求奇：在登陆作战中，盟军使得对手在关键的天气推断上陷入了一个致命的思维盲点：应当说气象专家的暴风雨预言本身没有问题，然而天公作美，煎熬中，盟军仅等待了整整一个昼夜，就盼来了"希望之光"——天气出现了转机。

在战争中，信息情报与情报使用者——人才发挥了至关重要的作用。无论是专业的军事作战人才，还是行业顶尖的气象专家，都为诺曼底成功登陆奠定了基础。

商场如战场，互联网时代为信息充分共享提供了平台，同时也对企业的核心信息维护提出了新的挑战，只有通过建立有效的信息壁垒、以挖掘人才实现对竞争企业的情报侦察与反侦察，方可在博弈中占据主动，立于不败之地。

12.1　人才信息情报内容

12.1.1　信息情报的内涵

情报是指被传递的知识或事实，是知识的再激活，是运用一定的媒体（载体），越过空间和时间传递给特定用户，解决科研、生产中的具体问题所需要的特定知识和信息。换言之，情报就是有价值的信息的传递。

用户输入最原始的诉求，通过聚类检索将强相关数据聚集并整合形成信息，对信息进行分解序化处理，形成具有一定意义的知识，知识通过各种手段（口头、文字、语音、互联网等途径）进行传递形成情报，将最后获取的情报资源作为最终输出应用于决策者，决策者通过执行、实践得出结论。

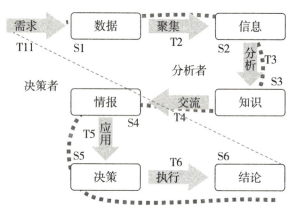

图 12-1　信息情报价值模型

12.1.2　信息情报的属性

固有属性简言之就是本质属性，即决定一事物之所以成为该事物而区别于其他事物的属性。情报的固有属性有三点：知识性、传递性、效用性。

知识性：情报的本质是知识。没有一定的知识内容，就不能成为情报。知识性是情报最主要的属性。知识是人的主观世界对于客观世界的概括和反映。随着人类社会的发展，每日每时都有新的知识产生，人们可以通过闻、问等方式，譬如读书、看报、听广播、看电视、参加会议、参观访问等活动，吸收到有用知识。这些经过传递的有用知识，按广义的说法，就是人们所需要的情报。

传递性：知识转变为情报，还必须经过传递，知识若不进行传递交流、供人们利用，就不能构成情报。情报的传递性是情报的第二基本属性。知识传递的主体是人，按照角色的不同将人分为五类：知识生产者、知识传递者、知识序化者、知识消费者和知识分解者。

效用性：情报为用户服务，用户需要情报，效用性是衡量情报服务质量高低的重要标志。此外，情报还具有社会性、积累性、与载体的不可分割性以及老化等特性。而当下最时髦的大数据的 4 "V"——Volume（大量）、Variety（多样）、Velocity（高速）、Veracity（真实性）特征也使其成为实现情报效用最大化的最重要的利器，通过对大数据的整理分析、加工利用形成有效的信息资源并加以利用。

12.1.3　企业信息情报的分类

依据企业特性，可以将情报分为如下几个部分：环境情报、行业情报、竞争对手情报、企业舆论情报。

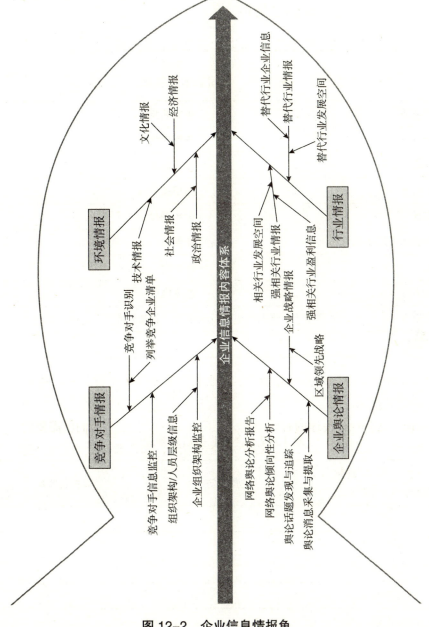

图 12-2　企业信息情报鱼

12.2　企业信息情报摸排

12.2.1　企业经营信息情报

企业的经营信息情报包括：企业基本信息及业务运营信息。

表 12-1　公司基本信息表

公司名称		英文名称	
注册地		注册地址	
公司成立日期		办公地址	
法人代表		股权关系	
董事长		公司网址	
注册资本（万元）		年结日	
传真		e-mail	
员工人数		联系电话	
公司简介	发展历程、经营规模、行业排名、业务架构、人员规模等		
资产总额			

按业务在企业中的重要性分为：企业主营业务与非主营业务，其相关要素信息详见下表。

表 12-2　企业业务信息管理表

项目＼业务	主营业务	非主营业务
业务		
销售收入		
市场占有率		
主要优势		
人数		

12.2.2　企业组织职位信息

包括企业组织管理、职位设计、在岗人员基本情况、关键人才详细信息等，通过横向分业务（营销、研发、制造、职能）、纵向分角色（经营、管理、执行）与层级（总经理—副总经理—总监—高级经理—经理）等维度分析关键人才分布并准确定位。

12.2.3　企业文化及薪酬信息

1. 企业文化信息

主要包括：属地文化、地理环境、企业文化、用人机制、激励制度等。

表 12-3　企业文化基准表

■ 企业周边与自身文化特点
□ 地理区位：分析地理（如气候、空气、拥挤、交通等）环境对人才流动的影响
□ 人文特点：分析属地文化（如语言、文化环境、教育等），对人才流动倾向、性格特点等的影响
□ 企业文化：分析企业发展史、企业性质、文化理念管理风格对人才流动的影响
■ 企业业务特色
□ 业务评估：业务的几个发展阶段、业务的竞争力特点（研发、营销、制造……）、业务的发展潜力，行业地位等

2. 薪酬与福利信息

调查企业薪酬福利水平，具体按人员层次和薪酬福利架构项目及水平进行调查，从而识别企业薪酬总体水平及竞争力。

表 12-4　薪酬福利信息明细表

职类	职级	薪酬						长期激励	小计	福利		合计
		月度收入	年度收入	津贴补助	奖金					法定福利	企业自建福利	
					季度奖金	半年度奖金	年度奖金					
管理	总经理											
	副总经理											
	总监											
	高级经理											
	经理											
专业技术	高级											
	中级											
	低级											

12.3　人才信息管理模型

12.3.1　个人显性信息

人才显性信息：姓名、性别、婚姻状况、主要工作经历、目前职位、最高学历、最高学历毕业院校、联系方式、毕业时间等。

12.3.2　个人隐性信息

人才隐性信息：性格特点、个人综合素质、发展潜力等。企业为招聘人才需重点关注的关键岗位上的在岗人才、前任人才和继任人才。

表 12-5　隐性人才信息表

序号	岗位名称	职位状态	姓名	性别	性格特点	综合素质	职业素养	发展潜力	……
1	岗位 1	在岗							
		前任							
		继任							
……	岗位 N	在岗							
		前任							
		继任							

12.3.3　获取核心人才模型

做好前面的信息情报工作，最终聚焦到企业的人才上，什么样的人才是企业最关注的人才，最终要从人才的价值性、可发展性、可获取性、可流动性等方面进行分析。哪些行业与本企业的业务直接相关或间接相关？哪些企业是竞争对手？要从学习标杆中找出它的竞争优势以及先进的管理实践，从这些企业中找到优秀的人以及核心人才的关键特征要素，从而最终锁定优秀人才的范围。

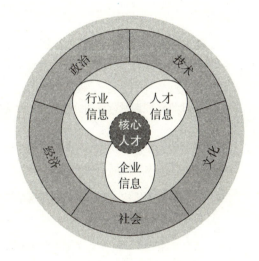

图 12-3　核心人才模型

12.4　获取人才信息秘籍

12.4.1　人才信息获取流程

按照业务性质将企业内外价值增加的活动分为有形价值链活动和无形价值链活动，有形价值链包括：研发、采购与制造、营销与服务等。无形价值链包括：人力、财务、综合、信息等，有形价值链和无形价值链构成了企业的整体价值链，具体人才信息的获得流程分为五个环节。

图 12-4　人才信息获取流程图

12.4.2　人才信息获取方法

人才信息获取的方式有三大类：自我调研、第三方调研及组合调研，三种方式各具特点，企业可根据招聘目标自行选择。其中，企业自我调研的方法有五种，分别是网站查询、人才访谈、直达交流、业务伙伴、驻地信息站。

表 12-6　人才信息获取方法

序号	分类	方法	主要内容
1	自我调研	网络查询	1.搜集整理调研行业的公开信息：行业人才信息动态、个人信息 2.了解企业性质、规模、业务结构，属于辅助渠道 3.人才的流动情况
2		人才访谈	1.了解组织机构、职位架构、薪酬结构水平，属于主要渠道 2.业务发展及人才情况
3		直达交流	开拓零资源渠道，搭建关系网，验证并完善调研信息，属于官方渠道
4		业务伙伴	利用人脉发展情况进行全方面的背景调查，属于辅助渠道
5		驻地信息站	办公机构模式：在集团所需人才较密集的城市，设置相关公司，成立人才招聘办公室，搜集当地人才信息，专门吸引、招聘人才
6	第三方调研		与第三方调研公司合作，对目标企业开展定向调研
7	组合调研		将自我调研与第三方调研的方式有机组合，达到效率最优化

1.依托网络优势资源

（1）通过登录目标企业官方网站，了解企业概况信息。根据企业介绍，了解企业性质、规模等；通过企业组织介绍，初步勾勒企业整体组织架构及业务分工；通过查看企业新闻动态、高管团队等模块，了解企业管理团队副职以上人员名单。

（2）从其他网络媒体获取目标企业信息。如果目标企业是一家拥有较高知名度的公司，我们可以通过人民日报、光明日报和电视台的官方网站对企业的报道来了解企业最新信息。

（3）利用搜索引擎了解目标企业的公开人才信息。通过搜索关键词、人员姓名等方式，查询人才信息。

2. 招聘人才说"情"

人才访谈是通过访谈企业已招聘人才，了解原企业的组织、职位、薪酬等信息。主要包括招聘人才排查、招聘人才预约、招聘人才访谈及材料整理、补充访谈五个步骤。

表 12-7　人才访谈的步骤

序号	步　骤	核　　心
1	招聘人才排查	通过排查《××年度招聘人才统计表》，输出《招聘人才走访台账》
2	招聘人才预约	选择：预约好时间地点（选择人流较少的场所） 拟访谈人员：1—2人即可 访谈原单位招聘人才
3	招聘人才访谈	优先了解组织、职位、薪酬情况及目前重点需求，介绍集团目前情况，方便招聘人才理解，争取一手资料及更多信息获取渠道，咨询需解决的问题并致谢
4	材料整理	整理材料并输出《××单位人力资源信息调研报告》，资源评价与关系维护 咨询需解决的问题并致谢
5	补充访谈	如一次访谈后发现了解的信息不全，可以继续访谈，或另找他人访谈

在人才访谈环节前必须进行充分的访谈前准备工作，包含时间、地点及访

谈工具。通过简单的开场及寒暄，拉近与被访谈人的距离。按照前期已知的信息与被访谈者进行核实，并尽可能获取到企业相关有价值的参考信息。

表 12-8　人才访谈模块明细表

序号	模　块	子模块	要点 / 问题
1	访谈准备	……	
2	开场白	……	
3	组织机构	……	
4	职务架构及薪酬福利水平	……	
5	综合类	……	

3. 直达交流谈"情"

直达企业面对面交流是指经过前期策划，通过一对一、一对多或者多对多的形式，与目标对象进行的面对面的交流，这种方式的优点是交流目标清晰，可以更加精准获取到需要的信息。

直达企业面对面交流的关键是前期策划，需制定明确的调研提纲，并与交流对象约定交流时间与地点。同时，交流后必须注重日常关系的维护，如节假日发送祝福短信等，以保持信息渠道的畅通。

表 12-9　直达面对面交流的程序

序号	步　骤	具体内容
1	前期策划	寻找渠道资源 / 职能 + 业务部门
2	交流安排	明确交流的对象、时间 / 交流的企业、部门、任务 / 交流的目标、参与人员等
3	现场交流	情感交流 / 双方信息交流 / 锁定目标对象单独交流
4	材料整理	编制调研报告 / 对比信息差异 / 确定补充信息 / 开展补充调研

4.业务伙伴交"情"

业务伙伴分为内部伙伴、外部伙伴，其中内部伙伴是指公司所辖业务部门，外部伙伴是指猎头或咨询公司等合作单位。通过内部伙伴，如战略管理研究部门，获取相关材料；通过外部伙伴，如合作较好的优质猎头或咨询公司，进行全面的调研报告或调研信息补充，特别是行业人才特点动态。

12.5　如何管理好人才库

12.5.1　人才信息管理分工

公司人力资源部门应负责人才信息的归口管理，并在信息调研实施过程中负责指导与支持，各单位按照"谁用人、谁实施"的原则具体实施。

表 12-10　人才信息管理权限表

一级	二级	三级	职责分工	
			公司级	子公司单位
体系规划		业务架构设计	负责	支持
		管理架构设计	负责	支持
渠道规划		渠道设计	负责	支持
		渠道评价与优化	负责	支持
调研实施		计划管理	负责	支持
	调研实施与渠道开发	人才访谈、面试信息、猎头信息、业务单位信息、网络信息	支持	负责
		直达企业交流获取	负责	支持
应用与维护	信息共享	分析与应用	负责	支持
	信息应用	对标分析与建议、更新与维护	支持	负责

在人才信息管理的过程中，企业人力资源部和子公司人力资源部各司其职，

职责分工如下：

表 12-11 人才信息管理职责分工表

单位	公司人力资源部	子公司单位人力资源部
职能分工	1. 负责人力资源信息归口管理 2. 负责人力资源信息管理体系规划、建设与运行评价 3. 负责人力资源信息计划编制管理 4. 负责人力资源信息调研渠道规划与评价 5. 负责人力资源信息调研内容及模板设计、调研方法培训与沟通 6. 负责目标企业人力资源信息对标、共享，对各单位提供支持与服务	1. 负责协助外部人力资源信息管理体系建设 2. 负责本单位目标企业确定 3. 负责本单位调研渠道的建设与维护 4. 负责人力资源信息调研实施，即信息调研、信息收集、报告编制等

12.5.2 信息情报渠道维护

让渠道发挥应有作用。调研渠道由于要受人、合作调研单位等动因的影响，因此做好渠道维护非常必要，企业需定期评估并保持渠道的畅通及有效性。

表 12-12 人才信息管理渠道开发与维护表

序号	渠道名称	渠道定义	人才信息				
			行业与人才动态	企业信息	组织机构与职位体系	核心人才信息	薪酬福利体系
1	直达企业交流	与标杆单位业务交流	—	●	●	—	●
2	战略供应商	猎头、咨询公司	●	●	●	●	●
3	招聘人才访谈	已招聘人才访谈	●	●	●	●	●
4	业务单位	市场管理部信息调研负责人	●	●	●	○	●
5	网络资源	百度、企业官网	●	●	○	○	○
"●"表示可直接获取的信息 "○"表示可间接获取的信息 "—"表示不能获取的信息							

第十三章

如何绘制人才地图
——按图索骥狙击招才

13.1　如何用蜘蛛网锁定人才

　　招聘能力不仅取决于能否快速招聘到人，最主要是招对了人。如何招到合适的人才？企业从众多信息中如何来聚焦希望招聘的人才？人才信息蛛网模型就是一个好方法。

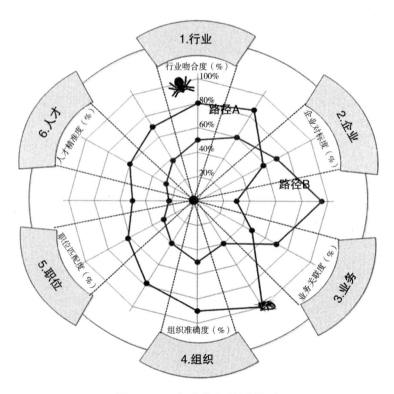

图 13-1　人才信息蛛网模型

将在不同行业、企业的客观实体模拟成点，质点间的各种联系虚化为路径，质点与路径的组合我们称之为"蜘蛛网"，招聘人员作为蜘蛛侠，其对专业人才的猎取过程可简化为蜘蛛捕获猎物的场景。建立人才猎取蛛网模型帮助企业实现人才的精准定位，已逐步演变为人才招聘亟须解决的关键问题，下面分别就蛛网模型的工作原理与工作过程进行阐述。

蜘蛛是从网中某一个具体点（通常是行业中某一与目标企业强相关的企业）开始爬入，逐步获取企业的主要信息（业务、组织、职位、人才等），以其中某一具体内容为爬行依据，与目标人才所具备的特征进行逐层对标，匹配不成功即自动跳转到下一企业再次对标，一直循环直到找到所需猎物，实现人才的精准定位。

13.2　为什么要绘制人才地图

13.2.1　人才地图分类

1. 外部人才地图

常见绘制者为招聘管理部门和猎头公司。目的是帮助企业系统了解、绘制和掌握关键人才所在的地理位置、行业、公司、其公司的组织架构、职位、背景、工作职责、绩效水平、跳槽意愿动机等，帮助企业做到谋定而后动。

2. 内部人才地图

常见绘制者为人才发展部。目的是帮助组织明确内部关键人才的整体优势、劣势、发展现状，通常用九宫图，从绩效、能力两个维度，以高中低档来划定我们的人才定位，从而有针对性地构建培训和发展体系、提高组织效能和业绩。

13.2.2　人才地图有什么作用

1. 洞悉战略布局

通过对外部人才的基本概念和信息的收集，观察到竞争对手的人才战略布局，尤其是最新的部署，体现出让我们提前洞悉竞争对手的产品策略和业务重点（如候选人简历中体现的最近的核心业绩和负责业务）的信息。

2. 快速人才定位

掌握市场上的人才状况，尤其是相关的信息、数据和内容，我们要对掌握的招聘相关的信息、数据和内容做一些好的收纳和整理，它将会是我们一个非常强大的数据库；同时，招聘人员跟踪的信息是最新的，那么在招聘需求比较紧急的时候，我们可以快速定位我们招聘的候选人在哪个公司、哪个部门。

3. 提升招聘效率

人才地图绘制（Mapping）通常用于高端人才，而这些高端人才通常属于被动型人才，可能不会主动出来看机会，如果我们有一个高端人才数据库，就可以长期跟进和跟踪相关人才，让他们了解我们公司的相关动态，成为我们的营销群体，当我们公司有适合的职位空缺时，就可以及时地邀请他。由于我们的长期跟踪和沟通，他们会对企业有详细的了解，操作起来就很容易。

4. 优化人才需求

对于一些长期批量招聘的高端职位，我们可以及时进行数据调取，这样可以减少很多重复性的工作。很多业务部门招聘的时候，招聘要求是从内部的需求出发的，对于招聘人员来说，关注更多的是市场的人才来源情况和需求情况，所以说双方可以有机结合，重新审视我们的用人 JD，合理确认招聘职位的分工、职责、定位和工作量的估算和编制等（避免拍脑袋设置职位的情况出现）。

5. 促进招聘决策

业务部门总觉得最合适的人选是下一个，而 Mapping 通常是整个行业职位的全部信息，可以满足业务部门对于需求职位市场的盲目假设，帮助业务部门快速准确地作出合适的人才选择，避免人才流失。

13.3　绘制人才地图的方法技巧

高端或核心人才的招聘是横在 HR 心中永恒的痛，网络招募消息的公布、猎头高端平台的引进、各种招聘渠道的广泛使用都不能达成。究其根本，第一：HR缺乏对目标人群情况的全盘了解和认识；第二：HR抱有侥幸心理，认为已经把需求输入给猎头或者通过其他渠道按部就班地推进招聘就一定能完成任务，殊不知这一做法会逐步将主控权过渡给猎头，会被猎头牵着鼻子走，无法有预期地推进寻聘工作，结果自然是浪费了时间、丢失了人才。

从决策来看，高端职位在寻聘候选人时很少有完美匹配的情形，面试官由于不了解行业人才的稀缺情况，总因幻想会遇到更好的、更合适的人才而延误决策。由此可见，传统的招聘方式并不适用于当今对人员素质要求较高的核心职位或方向明确且有时间限制的高端职位的招聘，HR必须开展摸排式招聘。摸排作为情报信息时代人才招聘的制胜神器，可以最直观地反映人才的现状、有效的决策，但对于长线职位、非高端职位，摸排是不经济的。

1. 依托信息摸排绘制人才地图

人才地图编制一方面需要梳理人才蛛网模型的最优爬行路线并存储到人才搜寻数据库中；另一方面需要按照企业摸排的方法对国家、行业、企业、职位及职位上人才进行全方位、多角度的搜寻，具体信息摸排模型详见下图。

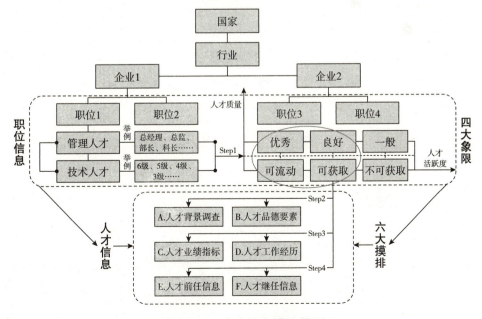

图 13-2　人才信息摸排模型

2. 锁定目标人才

按人员活跃度及人员质量高低，将人才分为以下类型。

表 13-1　人才摸排信息分类表

人才质量 ＼ 人才活跃度	可流动	可获取	不可获取
优秀	重点关注	重点关注	剔除
良好	重点关注	重点关注	剔除
一般	放弃	放弃	剔除

其中，需要重点关注可流动 / 可获取的优秀人才或可流动 / 可获取的良好人才，剩余五类人才可直接剔除。

3. 人才地图绘制模板

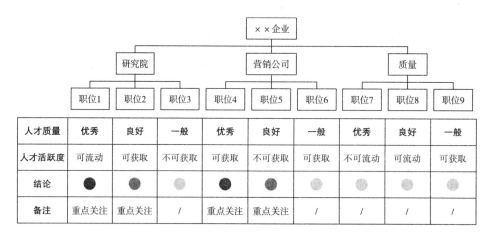

图 13-3　人才地图绘制

实战案例

××集团大力发展旅游业务，急需招聘国内一流的旅游运营人才来做该业务的 CEO，并且由于第一批旅游项目土地的审批节点时间迫近，该 CEO 必须在 2 个月内到位，才能赶上并参与园区的整体规划及落地计划的评审，怎样搜寻到合适的人才？

1.摸排行业排名，锁定目标企业

通过摸排取得本地娱乐产业集团排名前10位的最佳企业作为目标企业，如下表所示。

表13-2　目标企业信息明细表

排名	企业	园区数量	规模	营业收入	其他
1	×××	×××	×××	×××	
2	×××	×××	×××	×××	
……	……	……	……	……	

2.获取组织信息，聚焦职位族类

通过横向分业务、纵向分角色与层级，全方位、多角度地获取目标企业的组织架构及职位地图，研究其人才部署战略，锁定目标人才分布，精准定位。

表13-3　目标企业组织架构与职位信息表

层次		营销	研发	运营	职能	……
经营层（总经理）	人数					
	姓名					
管理层（总监）	人数					
	姓名					
执行层（中基层）	人数					
	姓名					

3.绘制人才蛛网，锁定目标人群

对目标人群要有准确锁定，然后通过公开的信息查询（大多数上市公司高层信息都有披露），有针对性地安排猎头逐个击破、顺次摸排。没有高层信息披露的公司，可按照岗位设置的逻辑，安排猎头专门负责发掘其信息——至少要安排两家猎头互相佐证以防遗漏，地图出来以后再分工安排猎头联系。关注点：第一，主控权不能放给猎头，尤其是放给一家猎头，避免信息错漏；第二，务必穷尽可能、不留死角（如果常规摸排仍找不到合适的候选人，就要考虑各职位的前任和继任）。

表 13-4   目标企业人员接替信息明细表

序号	公司	职位	姓名	性别	年龄	国籍	结果	备注
1		CEO	××	××	63	外籍	外籍、超龄，不合适	
2		COO	……	……	……	中国	持股，方向合适	
3	××公司	前 COO	……	……	……	中国	持股，超龄，不合适	
4		市场 VP	……	……	……	中国	仅擅长销售，不合适	
5		财务 VP	……	……	……	中国	方向不对，不合适	
6		……						

4. 确定目标人群，交叉跟进落地

对于有意向的候选人：要在获取信息后 24h 内安排进一步沟通，由 HR 对职位进行细致的介绍，同时进一步落实候选人意向；对于无意向的候选人，无意向的理由也要落实，如果无确实成立的原因，可安排其他猎头交叉跟进，确保没有死角。

表 13-5   人才跟进与落地信息明细表

序号	公司	职位	姓名	性别	年龄	国籍	结果	备注
1		CEO	××	××	63	外籍	外籍、超龄，不合适	
2		COO	××	××	42	中国	持股，意向外资公司，两家猎头交叉跟进，确无意向	
3	××公司	前 COO	××	××	50	中国	持股，超龄，不合适	
4		市场 VP	××	××	××	中国	仅擅长销售，不合适	
5		财务 VP	××	××	××	中国	方向不对，不合适	
6	××公司	CEO	××	××	××	中国	合伙人，与董事长关系密切，不考虑	
7		COO	××	××	××	中国	可以看机会，可安排×月×日深入沟通	
8		……						

总之，摸排作为针对高端职位招聘的重要手段，核心在于增加了 HR 招聘

管理者的主控性与全面性，避免人才信息死角。与此同时，摸排也可作为一种过程控制的工具与方法存在。摸排后，不适合的企业、职位、人才将直接被过滤掉。

 **小贴士**

1. 公开性及保密性问题

在招聘前端的信息获取阶段，要求招聘人员意识到一些法律风险问题，包括所有者信息、知识产权、证据、机密信息等。在合作之前，要对此进行协议和约定，除遵循法律相关条款外，也需兼顾道德约束。

2. 适应性与掌握性问题

人才招聘容易将注意力集中在现状及数据方面，而不明白历史的演变和数据的真正来源，因此应持动态的观点，用辩证和发展的眼光看待人才招聘问题。在锁定招聘标杆的同时要明确学习的目的和重要性，做好内部员工培训工作，使员工达成共识、具备学习的能力和技术技巧，以最大限度地规避因信息不对称产生的人岗不匹配现象。

3. 模仿性与转化性问题

绘制人才地图、建立人才信息库、将目标人才高度集中的企业设立为标杆进行对标学习，这既不是简单的"拿来主义"，也不是鼓励企业之间盲目效法，而是寻求超越目前的最佳实践并找到管理和经营的新方式，需要辩证的学习和创新。因此，标杆学习是一个模仿与创新并举的循环过程，能否有效创新，将直接关系到企业能否获得长期的竞争优势。

4. 效益性与效率性问题

在对标杆企业表层信息进行掌握学习和转化的基础上，需要对标杆的深层次（管理理念、方法、薪酬体制、人才引进方法）内容从以下几个维度进行评估：组织设置是否满足当前紧急及重要的业务需求？人才培养周期是否合理？是否需补充有关专业技术人才并完善相关管理制度、流程及方法等内容，以确保标杆研究的效果与效率？

第十四章

人才测评技术方法
——好利器，识别真才

　　大文豪苏东坡曾慨叹，"人之难知，江海不足以喻其深，山谷不足以配其险，浮云不足以比其变"。企业之间的竞争，归根结底是人才的竞争。人性的深邃复杂为企业招聘和内部人事决策带来很大的难度，一方面，仅凭传统的简历分析和面试，无法全面考察人才；另一方面，招聘人员受年龄阅历所限，难以统筹多方信息对人岗匹配性作出准确预测。因此，企业必须结合自身实际，选取适合的人才测评技术以避免用人决策失误，尽量减少因用人失误造成的损失。

14.1　全面认识人才测评

　　人才测评是通过心理测验、面试、评价中心等一系列科学的手段，对人的基本素质、能力、性格特征、职业兴趣等进行测量与评价的专业化活动。人才测评融合了心理学、管理学、社会学等多种学科，将考评重心由外在知识技能有效扩展到内在素质、能力与态度，能够准确地识别出卓越员工与平庸员工，为企业选拔外部人才和合理配置内部人才提供科学依据。

　　人才测评在企业用人决策中起着关键作用。管理大师德鲁克说过："没有什么决策比人事决策更难作，造成的影响更持久。总的来说，经理们所作的提升和人员调配决策并不理想，一般来说，平均成功率不超过三分之一。"由于人才测评可对候选人进行全面客观考察，有效平衡招聘中出现的各种主观偏差，因而为人才的选拔、任用、培育和激励提供指导性意见。

　　准确性是人才测评技术的根本，许多企业面对市场上良莠不齐的测评产品缺乏进行鉴别区分的专业能力，直接"拿来主义"，而这样反而会给人才鉴别工作带来更大的干扰。为提高测评结果的有效性，我们须对测评工具的专业度进行了解，如信度、效度、难度与区分度。

信度：指测评工具所得结果的一致性。一致性越高，稳定性越大，测评结果越可靠；相反，如果每次测评结果都存在较大差异，那么这个测评工具的可靠性是值得怀疑的。一般来说，人才测评都要求信度在 0.7 以上。信度通常以两次测评结果的相关系数来表示，如果相关系数为 1，则表明测评工具——如试卷完全可靠；相关系数为 0，则表明该试卷完全不可靠。

效度：是指测评的有效性和准确性，即测评是否测到了它要测量的内容。效度是一个相对概念，而非绝对概念，即效度只有高低之分，而没有全部有效和全部无效之分。目前已有的测评工具、简历分析及面试者主观经验等都是从一个侧面对候选人进行了解，均可以揭示一定的内容，若要实现较高效度，可采取多种测评工具相互校验佐证的方式。

难度：是指测试者回答问题时的难易程度，难度是相对的，受测试者整体水平影响。一般认为，试题的难度指数在 0.3—0.7 比较合适，整份试卷的平均难度指数最好掌握在 0.5 左右，高于 0.7 和低于 0.3 的试题不能太多，否则会严重影响测评的区分度。

区分度：是反映测评试题是否有效区分高水平者与低水平者的指标。区分度指数越高，试题的区分度就越强，越反映出不同测试者的能力差异。一般认为，区分度指数高于 0.3，试题便可以被接受。通常来说，中等难度的试题区分度较大。

14.2　人才测评的几种类型

选拔型测评：旨在选拔优秀人员，适用于有竞争力的职位或平台，这类职位或平台一般拥有人数众多的求职者。选拔型测评特别强调测评的区分功用，测评标准也最为严格，往往高度聚焦于两三个指标以便于实际操作，前期筛选将严格按照成绩缩减范围，到最终环节会对最终入围的人员进行全面考察。

配置型测评：目的在于人与事的合理配置，即以岗位要求为依据，寻找胜任的候选人。整个测评工作都围绕着这一目的进行，因此配置型测评具有高度的针对性，即必须以职位要求为标准对候选人进行全面考察。此外，配置型测评还具有高度的严格性，即绝不能因为一时找不到合格的人员而降低要求。它不但对测评标准要求严格，对测评方法、测评实施及整个的测评过程也要求十分严格。

开发型测评：目的在于对组织人员进行深度素质开发，为后续培养发展提供科学依据。开发型测评具有"盘点性"，它可以全面调查组织人力资源总体素质结构，找出团队整体的优势与短板在哪里、哪些个别人员存在严重的胜任或转型困难等。此外，开发型测评还具有"发展性"——开发型测评将锁定那些企业短缺的、可提升的、具有开发价值的素质，为企业下一步的培养指明方向，确保"好钢用在刀刃上"。

鉴定型测评：目的在于鉴定人员对相关素质的掌握程度，对人员的现有能力水平进行客观评价。当鉴定型测评用于招聘环节时，主要侧重于求职者现有素质的差异，即侧重于求职者的现时价值与功用。当鉴定型测评用于培训考核环节时，除了现有素质的差异，还侧重于测评原有基础与现有水平的差异，即考评通过培训发展学员是否真正获得了成长。无论应用于哪一环节，鉴定型人才测评都要求有更高的信度与效度，不仅要全面，还要有据可查。

14.3　人才测评的方式方法

14.3.1　笔试

考试主要用于测试被测评人员的专业知识、综合分析能力、文字表达能力等素质及能力要素。笔试是一种最经典、最基本的人员测评方法，至今仍是企业组织经常采用的选拔人才的重要方法。考试在测定知识面和思维分析能力方面的效度较高，而且成本低，可以大规模施测，且成绩评定比较客观，往往成为人员选拔录用程序中的初期筛选工具。

14.3.2　心理测验

心理测验是通过观察人的具有代表性的行为，以及贯穿在人的行为活动中的心理特征，依据确定的原则进行推论分析的一种手段。

标准化的心理测验一般包括事前确定好的测验题目和答卷、详细的答题说明、客观的评价指标等资料。心理测验包括人格测验、能力测验、动机测验等，能反映候选人的能力特征、智力水平、人格品质、动机、职业兴趣、价值观等，并进一步预测其发展潜质。心理测评工具因其专业度，可以对被测人进行内在心理特质的深入分析，具有投入少、周期短、效率高的特点，在传统面试的基础上，大大提高了人才鉴定的准确性。目前流行的心理测验有：DISC 性格测试、MBTI 职业性格测试、九型人格、卡特尔 16 种人格因素测验、霍兰德职业兴趣测验等。

14.3.3 面试

面试是最经典、最常见的人才测评手段，这种方式主要通过测试者与被测试者双方面对面的沟通，了解被测评者的专业知识、能力、技能、综合素质以及动机的一种人才测评方法。

面试按其形式的不同可以分为非结构化面试和结构化面试。

1. 非结构化面试

非结构化面试一般没有固定的面试程序，面试官提问问题的内容或顺序都不固定，不同的应聘者所回答的问题可能不同。

2. 结构化面试

结构化面试是指对职位要求的关键要素进行分析，确定面试的测评要素，在每一个测评的维度上预先编制好面试题目并确定相应的评价标准，对应聘者的综合表现进行量化分析。

结构化面试最大的优点是，不同的测试者使用相同的评价标准，即对应聘同一岗位的不同被测试者使用相同的题目、提问方式、计分和评价标准，保证评价的公平合理性和面试结果的可对比性。

行为面试法是一种结构化面试法，它是招聘面试中的核心技术，又称行为事件访谈法（Behavioral Event Interview，BEI），其原理是搜集当事人近一年内亲身经历的行为事件，预测其未来在岗位中的行为模式。行为面试技术对面试者的逻辑思维和反应速度要求较高，面试者须依据"STAR"原则，对行为事件发生的情境、承担的任务、采取的行动和最终结果进行锁定、分析与鉴别，确保信息属实、因果顺畅。行为面试法能够避免传统面试可能产生的"晕轮效应""偏见误差""刻板印象"等问题。

3. 情景模拟

指面试官为应聘者设置一定的模拟环境，要求被测试者扮演其中某一角色并进入角色情景去处理各种事务、各种问题及各种矛盾。考官通过对考生在情景中所表现出来的行为测评其素质潜能。

业界常用的情景模拟方式主要包括以下几种。

（1）文件筐测验

文件筐测验又称"公文处理模拟测验"，这种测评是将实际工作中可能会碰到的各类信件、便笺、指示等放在一个文件筐中，要求被测试者在一定时间内处理好这些文件并作出相应决策。这种测试的主要目的是考评被测试者的管理能力、计划能力、组织沟通能力、合作精神、有效分析和解决问题的能力等。

公文筐测验是评价担任特定职务的管理人员在典型职业环境中有效开展工作的能力，它是对被测评者的行为表现进行全面综合测评的立体测验。

这种方式特别适合用于对企业中高级管理人员的能力测评，它最大的优点是，所有题目都来自实际工作经验，可以通过考察被测评者在处理具体业务中的表现评估其关键能力。

公文筐测验是评价中心技术中应用得最多的一种情景模拟测试手段。

（2）无领导小组讨论

这种方式主要是通过安排一组被测试者（通常为5—6人）组成一个临时任务小组，面试官只下达任务但是并不指定任务负责人，要求小组成员就给定的任务进行自由讨论，并拿出小组决策意见。

测试官对每位被测试者在讨论中的表现进行观察和记录，重点考察被测人员在小组中的实际表现，包括组织协调、沟通、责任心、说服力、情绪控制、人际关系处理、团队精神等方面的能力和特点。

（3）角色扮演

这种方式主要的做法是，由测试官设置一系列尖锐的人际矛盾和人际冲突，要求被测试者扮演某一角色，模拟实际工作情境中的一些活动，去处理各种问题和矛盾。

4. 评价中心技术

评价中心是将被测评者置于某种模拟的情景之中，采用多种技术观察和评价被测评者在这种模拟的工作情境中的心理与行为的测评方式。评价中心技术摆脱了传统的笔试与面谈形式，广泛采用角色扮演、无领导小组讨论、公文筐测验、案例分析、沙盘模拟、竞聘演讲等新型测评方法，与实际工作相结合，生态（仿真）效度非常高。此外，多种测评工具的运用也使得各个测评工具之间可以相互验证，进一步确保了测评的信度和效度，对结果预测的准确率非常高。然而，评价中心相对来说成本比较高，且花费时间较长、操作难度较大，对测试官的综合素质要求很高。

14.4　人才测评的管理设计

一般而言，人才测评流程可分为目的确定、方案确定、流程实施、后续工作四个主要环节，具体可根据企业实际需要进行灵活变通。需要指出的是，没有完美的测评流程，企业在执行过程中应以实用有效为原则来设计测评流程。

开展测评的首要任务是澄清测评目的。人力资源部门须负责确认，测评是为了招聘、培养、考核、组织诊断，还是有多重目的。测评目的是整个测评工作的基调，测评目的不明朗会影响到整个测评工作的开展。

要围绕测评目的制订测评方案。包括测评内容的确定、测评技术的选择、测评对象的圈定、测评流程的设计、相关模板的选取等。人力资源部应该发挥主导性作用，同时保持与第三方测评公司的良好沟通，必要时可咨询专业意见或引入专业人员来提升测评方案的科学性和针对性。

由人力资源部组织开展测评的实施。一般而言，测评启动会可确保相关人员对测评目的、计划安排与时间节点作必要了解，之后便进入问卷发放或组织测评阶段，被测者需要在限定时间内按照统一标准完成测评，人力资源部对数据进行统计与结果分析，并在此基础上撰写报告。报告分为整体性分析报告和个体报告，整体性报告主要服务于测评目的，可根据当初的测评目标确定如何应用测评结果，个人测评报告须发放到个体，并由相关人员对其进行报告解读与反馈。值得注意的是，测评结果必须严格按照专业标准进行解释，不得随意得出结论。

测评结束后，人力资源部必须将测评人员的有关资料整理装订、编号、封存，施测人员有对测评结果保密的义务，不得向无关人员提供测评结果。此外，人力资源部应保持对测评者的观察，了解测评者的工作情况，进一步验证结果的有效性。

 小贴士

随着人才测评技术的快速发展，越来越多的企业开始借助测评工具来解决人才选拔的难题，测评工具未来仍存在巨大的应用空间。然而，正是由于测评技术的快速发展，相应专业人才的储备就显得略为不足，企业对测评工具的使用也难免存在一些误区。

1. 人才测评工具是万能的吗

首先，人性具有复杂性和深邃性，任何一种测评工具都只能从一个角度对其进行窥测，并不存在百分之百准确的人才测评技术。其次，我国测评技术发展较为滞后，而任何一个成熟的测评工具都需要多年实践积累和数据校验。目前人才测评市场鱼龙混杂，有一些公司甚至胡拼乱凑一些测试题目卖给企业，其效度和信度根本无法保证。因此，单纯依靠人才测评分数来进行选拔可能会漏掉优秀人才，收进庸才甚至伪才。

2. 只有国外的测试工具才是可靠的吗

外资测评公司起步较早、产品研发时间长、数据积累丰富、很多成熟经典的测试经受了实践的检验、具有良好的口碑，因此，很多公司在选取测评工具时出现了"崇洋媚外"的倾向。他们忽略了一种重要的概念：常模。所谓常模，就是在人才测评中用于比较和解释测验结果时的参照标准，同样的结果应用于不同的人群，所代表的意义也不同。大多数的国外测评软件只经过简单的汉化处理，没有针对中国人特有的文化与心理特征建立适合中国人的"常模"，因此其结果对中国不具备解释意义。

3. 过于追求精确的测评结果

许多企业在进行人才测评时，过于看重测评结果，希望人才测评能提供全面的精准评价。事实上，人才测评很难达到这种精度，有些测评要素是可以很精确地进行测评的，如数字运算能力；有些则是很难进行测评的，如责任心、创新能力，这时就需要进行模糊测评。所以人才测评应秉持精确测评与模糊测评相结合的原则，能精确之处尽量精确，不能精确之处则须抓大放小，这个原

则体现在测评要素的设计、方法的选择、评价过程、结果分析的全过程中。

4. 认为测评指标越多越客观

从理论上来讲，测评指标越多、测评工具越多，对于员工的评估越全面。然而在实际过程中，企业无法在现有时间与资源下组织如此全面的测评，一方面，企业投入过多时间与资源，会造成不必要的消耗；另一方面，大部分员工并不乐意参与如此冗长的人才测评，甚至可能引发抵触情绪。实际上，过于追求全面，反而失去了测评的聚焦性。每个企业都有其自己看重的东西，对每个岗位的要求也都不太一样，企业能够了解到这些素质状况就够了，按照2/8原则来确定测评指标是比较明智的做法。

5. 在缺乏专业水平的前提下滥用测评工具

有些企业为了节省测评成本，由相关人员自行从网上下载免费测评工具推广施测，他们对于测评理论与原理并不了解，对于工具的使用与结果的解释也具有较大的随意性。在启动测评工具之前，相关人员应对自身对于工具的掌握程度进行评估，必要时应借助专业力量，以确保标准化地推进测评，并实事求是地对结果进行解释。

6. 不考虑岗位的差异性

许多企业因专业度不足，测评方案较为粗糙，甚至一套方案通用全员。事实上，不同层级、不同岗位的核心职能不同，工作要求也不同，应配套不同的测评方案。如对基层管理者的考核要侧重其专业知识与技能，而对于高层管理者的考核则须深入考核其管理能力、决策能力、沟通能力等深层心理特质，针对专业技能的考察可以适当减少，因为能够升迁至该层级的人员都经过很多岗位的历练，在基础专业技能方面并不欠缺。

7. 用人才测评代替绩效考核

有些企业混淆了人才测评和绩效考核，希望在年终时用人才测评技术来衡量公司员工一年来的表现。实际上，影响员工工作绩效的因素很多，除了员工的动机、价值观、工作态度以及个人特质等因素，还有知识技能、团队配置、行业现状等因素。因此，人员素质虽然是影响绩效的重要因素之一，但并不等同于个人绩效。在年终考评时，两者可以结合起来开展，但不可以人才测评代替绩效考核。

第十五章

人才面试技术方法
——用慧眼识别真才

在人才招聘的过程中，假定我们已经通过多个渠道获得了一些人才资源，那么从中选拔到合适的人才就成为决定成败的重要环节。在多种对人才进行评估的方式中，面试被公认为最行之有效的方法。

15.1　选择面试法的原则

随着互联网的兴起，行业内各种测评机构、测评方法应运而生。一方面为人员面试评价注入了新意，另一方面也带来了极大的挑战。

1. 懂得能力评价管理

所有企业和管理者在招聘中无一例外地都是在寻找"千里马"，正如在《从优秀到卓越》一书中，管理大师吉姆·柯林斯把"先人后事"作为从优秀到卓越的八大原则之一。但是，对于"什么样的人才是真正的'千里马'"这一根本问题，大家却有不同的界定和认识。

很多企业在招聘时都有一套严格的流程——先看学历再看资历，然后经过笔试、面试、高层面谈等层层筛选，但依此流程招聘到的人员有些会由于无法适应管理文化、工作挑战、技术、竞争和法规等方面出现的变化，不得不离开公司，造成公司和员工的双输。失败的原因何在？对大多数职业经理人来说，只要一谈到合适的员工，通常指的就是那些"技能熟练的人"，而没有重视候选人的深层次能力。如今的商业环境复杂、多变、模糊且充满不确定性，同一个人，目前成功担任某一职务，并不意味着他在新职务或者新环境下也能成功，因为商业环境、公司战略、利益相关者和团队都会发生变化，所以选拔"人才"并不能仅局限于对技能和知识的考察，而应从应聘者的动机、个人品质、价值观、自我认知和角色定位等方面进行综合考虑，即要更多地关注候选人的态度问题，而不是技能问题。

2. 提取优秀人才 DNA

"能力"概念的形成始于美国国务院的外交官选拔项目。早期，美国国务院从智商、学历文凭、一般人文常识与相关的文化背景知识三个方面对候选人进行严苛的测试，但是通过选拔的许多"最聪明的人"在日后实际工作中的表现却令人非常失望，美国国务院开始反思选人标准的问题。

在这种情况下，美国国务院邀请哈佛教授麦克利兰设计一种能够替代传统的知识考试和能力倾向测验，且能有效预测实际工作业绩的外交官选拔方法。麦克利兰通过行为事例访谈法对表现较好者与表现较差者的具体行为特征进行比较分析，最后总结出几条跟外交官成功有因果关系而且可以测量的能力要素，形成了优秀外交官能力模型，并以此为标准来选拔外交官，在后续的工作实践中，跟踪发现，他们都获得了成功。

1973 年，麦克利兰发表了《测试能力而非智力》一文，首次提出了"能力"概念。他在文章中指出：决定一个人在工作上能否取得好的成就，除拥有工作所必需的知识、技能外，更重要的是其深藏在大脑中的人格特质、动机及价值观等，这些特质在人格中扮演深层且持久的角色，而且能预测一个人在复杂的工作情境及担任重任时的行为表现，与其成功具有高度的因果关系。由此可见，"能力"是区别优秀绩效员工和普通绩效员工的各种个人特征的集合，是可以通过可观察、可测量的行为表现出来的。

麦克利兰的实践为人力资源管理提供了一个全新的视角，成为国际上普遍认可和广泛运用的人才甄选、培养与开发的有效手段和依据。

3. 破解人才密码模型

海明威说："冰山运动之雄伟壮观，是因为他只有八分之一在水面上。"而人才之所以难以甄别，是因为其决定性的特质也潜藏在能力"冰山"的下面。

在冰山模型的三个层面中，冰山上层的显性特征代表着一个人能不能做好这个事情的基本条件，涵盖知识技能、经验背景、任务能力，在评估中也容易被测量和观察，但它不能把表现优异者与表现平平者区别开来；中间部分代表行为风格，是检验一个人是否适合这个岗位的特征，涵盖角色认知、特质表现、工作风格；而位于冰山最下面的隐性特征，则是指员工从事目标岗位层级的内在驱动力，涵盖动机、价值观、心理诉求三个方面，是衡量一个人能不能把事情长久做好的因素。冰山下层的行为风格和隐形特征是员工在岗位上取得持续高绩效的关键要素，也是人才评估的核心。

如何评估到"冰山下"的能力，是对招聘者对面试方法应用和深度挖掘能力的考验。一个优秀的面试官对人才的深度探测远高于一个平庸的面试官，企业在从各维度提升自身招聘能力的同时，也要在内部选拔并培养优秀的面试官、甄选更好的面试方法，这会令招聘工作事半功倍。

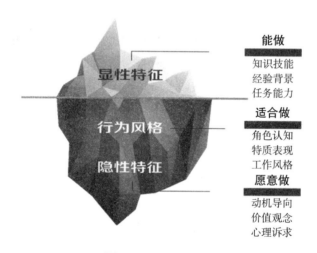

图 15-1　冰山模型

15.2　最优化的面试流程

一般而言，用人单位面试主要通过自我面试和第三方协助面试来完成，包括面试前、面试中及面试后三个主要流程节点，每个流程节点都需精心设计，谨防出错影响招聘效率。面试组织管理过程是候选人对企业的第一直接印象，体现出企业管理规范性和管理水平。"好的准备是成功的一半"，前面的准备做好了，后面的工作就可以有序进行了。

15.2.1　面试前期准备充分

面试前准备好什么？归纳起来无非三个方面，即"人""事""物"。

1. 谁来面试要定好

谁来面试？这必定是业务部门和 HR 部门，另外根据公司特点及业务实际需要可能会请第三方测评机构，尤其在高层管理人员招聘时会加入其他测评。

明确参加面试的各主要人员及备选人员，确认主要面试人因故不能参加时有可替代的面试官。

> 协调好各方的时间并做好时间调整预案。
> 将本岗位的招聘背景、候选人的情况、此次面试的目标等告知面试官。
> 及时告知相关人员最终的面试安排（时间、地点、同期参加面试人员）等，并敬请他们准时出席。
> 告知接待人员当日的面试安排或指定特定的面试引导人员。

2. 对职位共识要达成

（1）职位信息明确：根据职位的描述、所要求的任职资格和能力，明确职位的职责及绩效目标、汇报关系、授权大小及对经验、人际能力、专业及商务能力的要求，并考虑企业内外环境对本岗位的影响等。

（2）建立一致期望：用人部门需要和 HR 部门共同建立起对职位要求、待遇等的共识。如何避免用人部门和 HR 部门之间、用人部门内部意见不一致，或者用人部门一味否决 HR 部门推荐人选的情况呢？

> 同时抄送：将简历同时抄送用人部门，分别安排各自筛选通过的候选人。
> 图谱编制：总结用人部门一般否决候选人的特征，反向调整用人要求。
> 综合排序：同时推荐多个不同类型的候选人，让其排序面试。

（3）设计面试环节：针对特定类型的岗位设置相对通用的环节及面试问题，如在销售人员面试中，更多关注其人际能力、商务能力、专业能力，以确定其关键经历并在面试过程中进行挖掘。

3. 相关资料准备到位

必要准备：招聘广告、候选人简历、求职信、应聘人员登记或评价表、面试官桌牌、纸笔、公司管理文化手册、企业报纸及茶点、不被打扰的面试室和等候室等。

其他准备：高层人员的接送用车、外籍人员的接机牌、特殊天气情况下的雨伞、防暑物品等。

15.2.2　面试过程节奏把控得当

做好面试前的准备等于成功了一半，但对面试过程的把控同样重要。既要能展现公司的形象面貌、能力水平、职业素养，又要真正筛选出公司需要的人才，这对面试官的面试能力及对场景的把控能力提出了相应要求。

1. 时间把控

包括把控面试各流程的时长及各部分面试时间占比。

（1）问候简略

问候时间不超过整个面试时间的10%。目的是与面试者见面介绍自己、介绍后续面试安排、使面试者放松。

微笑相迎、有目光交流、语气真诚。

提供茶点、水，并采用开放式提问。

（2）信息交流

这部分占整个面试时间的70%—80%，通过有针对性的问题获取候选人的相关经历、能力信息，从中判定其对岗位的符合性。

倾听为主，从笼统到具体，使用开放式和中立问题，并注意重复、总结和重述。

点头、有停顿，表示感兴趣，不惊不厌，并适当使用沉默。

（3）结束有度

这部分不超过整个面试时间的10%，目的是告知候选人下面的步骤、宣传公司并感谢其参加面试。

2. 情境把控

把控面试气氛，避免言语冲突。

➤ 安排好不同面试官之间所承担的角色（红白脸），营造紧张与宽松相结合的面试环境。

- ➤ 避免面试官与应聘者之间产生言语冲突，求同存异。
- ➤ 避免出现面试官迟到、着装松散随意、途中接听手机等诸多不礼貌的行为。

15.2.3　面试跟进快出结论

面试完成后要及时收集面试官的评价意见，将多位面试官的意向进行汇总并进行合议，同时将第三方测评结果与之结合起来进行终议。针对面试合格人员，应根据整个面试进度及时反馈下一步面试流程或者启动协议谈判；对于面试不合格的人员，通常需要在 1 周内友好告知面试结果。

表 15-1　×××公司招聘××职位跟进表

职位名称	发布时间	候选人	收集简历时间	简历筛选通过时间			初面			二面			三面		
				时间	筛选人	结论	时间	面试官	结论	时间	面试官	结论	时间	面试官	结论
		候选人 1													
		候选人 2													
		……													

实战案例

案例 1：腾讯社会招聘面试审批流程

一、目的

规范招聘面试审批的程序，统一标准，保证人才招聘质量。

二、适用范围

本管理办法适用于腾讯集团总部及下属各分公司和办事处的正式岗位。

三、KPI 指标

社会招聘面试质量回溯。

四、面试流程

部门秘书（接待应聘者）→初试官（专业初试）→复试官（专业复试）→部门 GM（GM 面试）→通道分会（通道分会面试）→HR 面试官（HR 资格面试）→EVP/VP 面试→背景调查→HR 面试沟通→GM 录用审批→审核并确定是否录用→EVP/VP 审批→审核、确定是否录用、备案。

案例 2：阿里巴巴是怎么做招聘的

千金易得，一将难求。招人是非常困难的事情，很多公司都是依靠 HR 从浩如烟海的简历中筛选简历、打电话，预约面试。但在阿里巴巴却是相反的，HR 的流程也是反的。他们是政委，招人变成了项目经理、产品经理自己的事情。在阿里巴巴，所有人都是前台，没有后台，即使做财务的人、做人力资源的人，也都在给公司做宣传，因为好的人才需要你三顾茅庐去请，需要用每个人的感觉告诉他"我们是一家很牛的公司"，而不是招过来给他钱让他做事。

很多销售管理者、产品经理说"你让我怎么找人"，HR 会告诉他"你经常在网上分享吗"，如果你经常分享，就会有粉丝；HR 会问"你经常参加人力资源的培训吗""你能不能约 20 个人到公司"，而人力资源管理只是走人才招聘的流程而已。

马云当时找曾鸣就是这样。曾鸣是长江商学院的副院长，马云本来是去商学院上课的，结果把老师给招过来了。

为什么彭蕾能做首席执行官？她对很多事情的了解是从她和别人交流的时候获得的。她懂产品、懂设计，她招人的时候跟别人聊很多，她作为人力资源官懂人心，未来会成为非常厉害的首席执行官。

在阿里巴巴，面试的最后一关一般会放一个五年以上的老阿里人和即将要入职的人聊天，聊什么都无所谓，这个人叫闻味官。

有些东西需要靠直觉，这个人是合适的，那个人是不合适的。直觉是看一个人潜意识里所散发出来的东西，他的能量和价值观。信任一个人需要多久？需要三年。喜欢一个人需要多久？1 秒钟就可以。能让人一见钟情，是那个人的本事，是那个人与生俱来的气质，那需要几十年甚至更长时间的修炼。有时候，直觉比其他判断更加准确。

任何时候都要把公司的文化用到每个人的身上，即使此时此刻他不是你的员工，但说不定过两年就是了，说不定过两天他就会和你发生很多交集。

15.3　面试方法组合运用

成功的招聘能够使企业和员工达到双赢，根本的出发点在于分析招聘目标岗位的绩优人员的行为特征和企业期望要求，构建能力模型作为人才选拔的"模子"，并针对评估重点选择合适的评估手段来评估人才。

在测评手段上，基于能力的评估方式可以利用在线测评、自陈式测验和情景化的测验来对候选人从不同的能力维度进行评估，详见表15-2。

表 15-2　评估工具测评点表

测评维度 （对应冰山模型）	自陈式测验	情景化测验						在线测验
	行为面试	团队任务	情景模拟	角色扮演	案例分析	公文筐	沙盘模拟	
显性特征（能做）	√		√		√	√		√
行为风格（适合做）	√	√	√	√	√		√	√
隐形特征（愿意做）	√			√			√	√

注："√"表示该测评手段能够有效评估该维度。

1. 自陈式测验

如行为面试，通过让应聘者回顾和讲述有代表性的工作事件，对代表性事件中的具体行为和心理活动等详细信息进行收集和分析，由表及里、动态透视、揭示应聘者的胜任力特征及发展潜质。

2. 情景化测验

如团队任务、情景模拟、角色扮演、案例分析、公文筐、沙盘模拟等，将个体置于特定的任务、情景、角色环境中，测评人员通过被测者在测验中的反应、行为来评估其是否具备相关能力。

3. 在线测验

是建立在心理学、管理学、行为科学及计算机科学等多学科基础上的一种标准化的人才评估方法测验，对个体特质表现、个性特征、行为风格、职业倾向、发展潜力、动机、价值观等进行综合测评。如职业价值观测验可以识别个体对职业的认识和态度以及对职业目标的追求和向往。

4. 评价中心

是一种涵盖以上三种测验形式的一种综合性的人才评估技术，通过观察和分析被试者在模拟的各种情景压力下的心理行为表现及工作绩效，结合在线测评结果，来全面地测量和评价个体的综合能力。

各种评估工具的单一利用都不可能有效地、全方位地评判个体的综合能力，因此在招聘实践中，为了提高测试效果，需要采用各种工具进行交叉验证。相对于传统的面试、笔试、简历筛选等评估手段，基于能力的评估方法在对绩效预测上的有效性更高，但同时对评估操作人员的专业性的要求也更高，成本投入也较高，详见表15–3。

表 15–3　评估工具优缺点对比表

选拔方式	评估工具	优　点	缺　点
基于能力的评估方式	评价中心	通过综合性手段全方位衡量候选人的能力，在预测员工绩效方面的有效性较高	效率较低 对评估人员的专业性要求较高 操作复杂 成本较高
	自陈式测验 情景化测验	在预测员工绩效方面的有效性相对较高	
	在线测验	效率较高 操作方便 标准化程度较高 能够对个体能力特征进行评定、对其发展潜能进行预测	灵活性差，与岗位的要求贴合不紧密 易受社会称许性、答题环境和候选人状态的影响，削弱结果的有效性
传统评估方式	笔试 简历筛选 普通面试	容易衡量 操作简单 成本较低	没有针对动机和特质来挑选员工，在人员能力预测上的效果较差

依据冰山模型，招聘岗位的层级越高、管理性角色越显著，冰山下的能力要素占的比例越大；层级越低、执行操作的角色越显著，冰山上方的知识技能作用就更加突出。因此，针对不同的岗位类型，在评估工具的选择上也要有针对性，详见表15-4。

表 15-4　不同类型评估对象评估工具选择表

评估对象	评估层面	评估重点	适用评估工具列举
中高层管理人才	显性特征 行为风格 隐形特征	综合能力	评价中心、行为事件访谈、能力测验、人格测验、心理风险评估、工作价值观测验
专业技术人才	显性特征 行为风格	专业技能 工作风格	专业知识笔试、面试、能力测验、工作价值观测验、心理风险评估、工作样本测试
企业管理培训生	行为风格 隐形特征	发展潜质	评价中心、行为事件访谈、人格测验、情景面试、能力测验、管理潜质测验
校园招聘人才	行为风格 隐形特征	个人基本能力	团队任务、情景面试、能力测验、心理风险评估
一般操作人员	隐形特征	基本技能	简历筛选、普通面试、心理风险评估

15.4　如何快速筛选简历

广发招贤帖后，企业等待意向候选人上门应聘，如何把有意的、无意的、主动的、被动的候选人纳入备选资源就是接下来的工作——简历筛选。它是企业对应聘者的初步甄选。数量太少不好选，数量太多、质量太差不仅增加工作量，而且达不到目标。

15.4.1　简历筛选三及时

在筛选简历的过程中要把握三个及时性："快速搜寻入库""及时筛选出库""快速传递落实"，一般候选人在原单位有离职倾向时很大程度上是受环境和个人发展欲求的影响，这种倾向一般是不确定、不稳固的，一旦外在环境和内在欲求变化了，候选人就失去了跳槽的动机。因而对于 HR 来说，在快速准确地锁定候选人的同时，也要担当起整个面试流程的协调和落实工作，以保证企业能录用到合适的人选。

质高量多的简历是后期有效筛选的前提。招聘主管要定期对各大招聘网站、邮箱、App 平台的简历信息进行收集并评估反馈，确保候选人在投递简历一周内能收到回复。不管是通过还是暂入后备人才库，对候选人而言能够收到及时有效的回复也是一种被尊重。同时要建立好完善的简历入库台账，并对台账进行分类管理，具体分为：待电话沟通、待笔试、待面试等；对当期暂不合适的简历纳入人才资源库，并按专业类别、人员层次进行分类入库管理。

15.4.2　快速筛选出库

1. 明确筛选责任主体

人力部门和专业部门缺一不可，人力部门掌握人才综合能力的测评方法技术，而业务部门专家则可凭借自己的专业经验有效识别其专业能力。举个形象的比喻，将招聘比之于买苹果，人力部门会根据哪里卖苹果的多、哪里的苹果便宜、哪家卖的苹果比较好、老板不会缺斤短两而选定大概的购买范围，而业务部门则会从人力部门挑选出的表面光鲜亮丽的甚至散发出阵阵香味的苹果中筛掉那些打了增香剂、注射了葡萄糖或者内里有虫子的苹果。因此从流程上说，要由人力部门先对简历基本素质条件符合性进行筛选，然后业务部门再对筛选出来的简历进行专业符合度审核，评估其专业背景的符合度，最后由人力部门对通过的人才进行复核，确定下一步的工作。

2. 选定最佳筛选方法

快速：一般而言，简历筛选控制在 30 秒到 2 分钟时间内，根据明确的筛选标准，把明显不符合条件的简历，如专业偏离、频繁跳槽、有较长的职业空窗期等的人直接剔除。

全面：关注招聘条件和任职资格，对候选人个人情况、工作经历匹配度等方面进行考察，同时简历的整体布局、项目描述、语言精练度也能体现候选人的综合素质。

专业：HR 是简历的第一筛选人，对业务的熟悉度很重要，因此熟悉企业业务和招聘岗位的专业语言，有利于提升简历筛选效率及与候选人在面试邀约中做好沟通，体现招聘工作者的专业性。

3. 及时邀约通知面试

初步筛选后需要向应聘者发送面试邀约：通常在面试前 2—5 天发出，普遍采用"电话＋短信"或者"电话＋邮件"的方式，将公司名称、招聘职位、面试时间、地点、乘车路线及需要携带的资料等以手机短信或者邮件形式发送给应聘者。同时在邮件中附带可对外传播的企业详细介绍资料以增加候选人对企业的好印象，提高面试的到场率。

15.5　不同人才的面试方法

15.5.1　中高层管理者

管理者作为组织的大脑，承担着人际关系、信息、决策三种角色，牵一发而动全身，因此在评估上应关注其综合管理能力，不仅包括显性的管理知识技能和隐性的行为风格、动机特征，还要重点考察其在压力或危机情景下可能引发负面管理行为的个性倾向，控制管理风险。

因此，针对管理人员应采用多种评估工具构建评价中心来对其进行全方位能力扫描。通过多种在线评估工具评估冰山底层的行为风格、动机和管理风险，使用多种测评手段交叉验证，提高评估的全面性和有效性，如采用行为面试和情景化测验评估个体的能力特质、管理技能和动机特质，采用领导力测验评估个体领导能力和领导力类型，揭示领导力状况和领导行为偏好；使用管理风格测验评估管理者偏好的行为模式，预测其决策和授权风格、人际风格及适应的管理场景；使用胜任力测验评估人员的能力素质现状及与组织要求的匹配度；使用管理个性测验评估管理者的深层次动机和个性特征，如成功愿望、权利动机、亲和动机、思维决策、情感成熟度、人机互动、任务执行等；使用偏离因素测试评估管理人员在压力或危机情景下可能引发负面管理行为的个性倾向。

以下是一个企业由于面试工作未做好带来的招聘人才上岗后的失败案例，供大家思考。

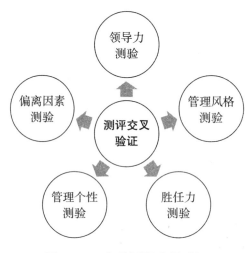

图15-2　多种测评交叉验证

张总的郁闷

B公司是一家新兴的科技公司，正处于快速发展时期，最近两年的业绩增长均达到了80%以上。公司规模迅速扩张，员工人数从原来的300人左右激增到800人，人才短缺现象日益明显，急需高素质的人才加盟。公司和多家猎头公司签订了合作协议，开始大张旗鼓地进行人才招募，甚至包括人力资源总监、营销总监、财务总监等重要职位。

李兴是猎头强烈推荐的人力资源总监候选人，35岁、做事干练、行动力高、事业心强，名校人力资源专业毕业后就一直在知名跨国公司中国分公司人力资源部门工作，从一线做起，负责过人力资源部门中的各个模块，工作经验丰富，但由于外企的"天花板"问题，在几年前已经是经理级别的他，遇到了很大的发展"瓶颈"。B公司总经理张峰看到这名候选人后，眼前一亮，马上让人安排，要亲自面试。这场面试持续了2个多小时，张总和李兴从过往的工作经历开始，聊到他原来公司在人力资源管理上的优秀做法，又聊到他眼中人力资源工作的发展趋势，再聊到他认为应该在 B 公司开展的人力资源管理变革，进而又聊到他自己的职业理想、兴趣爱好、家庭情况等。面试过后，张总兴奋地告诉人力资源部门："李兴专业扎实、经验丰富、积极上进、很有想法，尽快安排入职！"

没有想到的是，李兴入职后，B 公司的人力资源管理工作陷入了从未有过的混乱。李兴上来就斗志满满地想要推进在面试中给张总提到过的绩效、薪酬、晋升等一系列改革，张总也给了他极大的资源支持，然而三个月过去了，不仅改革完全没有启动，李兴对人力资源的其他各项工作也完全没有头绪。张总每次找到李兴时，他都在不停抱怨，认为 B 公司的管理太过松散、各项规章制度都不完善、之前用过的那些体系在这里阻力重重……在这些抱怨之下，张总慢慢发现，李兴总是喜欢拿原来的经验说事儿，其实是他原来根本没有做过这种全局规划和管理工作。长期处于执行层面的他，也习惯了按照上级的指示办事，在面试中提到的那些改革想法也无非是在原来的企业看到的一些成功实践，但是他完全不能够将其在 B 公司落地。此外，李兴在上一份工作中显示出来的超强的执行力，主要依托于原来外企的成熟管理体制，只要照章办事，就能够顺利推进，而一旦离开了这种成熟的管理环境，李兴就完全找不到业务推动的方法。更加严重的是，来自外企的他总觉得自己的经验强大、出身正统，很难融入 B 公司现在的氛围，好像他自己也不觉得自己应该融入这个氛围……种种这些让张总有种深深的挫败感，看来自己的那次面试，真的太失败了……

15.5.2 专业技术人员

专业技术人员，如研发、财务人员、风险管理、营销策划等人员，是企业内部的知识创新发动机，应重点评估其"能做"和"适合做"两个方面。评估中，利用专业知识考试来评估专业能力，通过行为面试和胜任力测验来综合评估胜任特质表现，采用职业价值观测评来识别个体的价值观念和诉求。

15.5.3 企业管理培训生

企业管理培训生以培养公司未来领导者为主要目的，在管理能力上要求起点较高，因此在评估中应重点关注发展潜质和内在的驱动力。企业管理培训生在甄选过程中可通过"面试＋笔试＋人才测评"相结合的综合评价方式进行筛选。

初试由人力资源部负责实施，同时对应聘人员进行笔试测试，重点考察其求职动机、学历真实性、过往工作经历、项目经历、逻辑思维能力、沟通表达能力等。

复试由各职能部门负责人或分管经营的高层负责实施并进行人才测评，重点考察其综合素质、企业文化认同度和未来可塑性；在评估方法上，通过管理潜质测评评估个体在管理领域发展的动力和适应未来管理职位的复杂人际关系和事务的能力，来预测个体在挑战性的领导角色上高绩效表现的发展可能性；通过在线工作价值观测验来评估个体的职业倾向和角色认知；利用胜任力测评、行为面试、团队任务等多种手段来综合识别个体的能力特质。

终面由决策委员会领导共同参与面试，综合、全方位、多角度了解应聘者的特点，最终根据多轮成绩确定招聘人选。综合成绩得分可按照面试成绩占比40%、笔试成绩占30%、人才测评成绩占30%的比例进行排名。

 实战案例

靠技术录用成功人才

C银行成立于1997年，是一家以国有股本为主、股权多元化的地方性股份制商业银行，经过近20年的发展，已经成为西部地区知名的城市商业银行。该银行从2013年开始正式启动管理培训生项目"雄鹰计划"，近期目标为通过3年的专项培养，帮助优秀年轻人才快速成长，成为该行部门的团队主管、管辖支行行长或某地区直属支行副行长层级的后备人选，远期目标定位为强化管理人才战略队伍建设、人才梯队化培养，为长期发展储备优秀的金融管理人才；人员目标定位于全日制硕士研究生学历，本硕均就读于国内外一流高校。

为了更好地达到科学选才的目的，C银行委托国内知名的人才管理咨询公司RZ咨询来进行管培生的招聘选拔，RZ咨询公司通过高层访谈、项目研究、标杆对标等手段，构建了管培生的能力模型，涵盖思维能力、沟通能力、组织协调、学习能力、团队协作五项能力素质及形象仪表、性格特征、求职意愿三项匹配度指标，在评估中，线上采用管理潜质测评、一般能力测评，线下采用

行为面试、团队竞合等手段来进行综合评估。

在 2017 年度的管培生招聘中，李林和高健作为进入最终面试阶段的候选人，在前期的选拔中的表现均可圈可点，各有所长。李林个性活泼开朗，本硕均为国内某"985"高校金融专业，学习成绩优异，担任过校辩论队的队长及学生会生活部部长，具有多份银行实习经验，目前手里有了几家公司的 Offer；而高健性格相对温和，本科就读于某"211"高校的法律学士、研究生跨专业考取某"985"院校的经济学硕士，在学校期间担任过本院学生会主席，之前在一家券商实习过，得到了实习单位较好的评价。在终面团队竞合任务中，李林主动提议自己成为本方的组长，在任务过程中，他充分发挥了自己的辩论才能，紧紧抓住己方的观点对对方进行反驳，思路敏捷、慷慨激昂，本组其他人几乎没有发言的空间；高健组则经过组内商议，经大家推举成了组长，面对李林的炮火，高健对各组员进行了分工，充分发挥来自不同专业的组员的优势、形成合力。到了合作阶段，双方都对坚持己方的观点互不相让，在还剩下 5 分钟的时候，高健征求组员的意见后，表示愿意接受李林的观点，并结合自己组的观点对结论进行了补充，但李林在最后的陈述中并没有接纳高健的观点。

团队竞合面试结束后，C 银行的企业面试官对李林更加青睐，认为其具有领导气质、主动性强、有丰富的学生工作和银行实习经验，且个人表现力强、富有激情。而 RZ 咨询的测评顾问综合此前在线测评、行为面试表现，则更为看好高健，虽然其学历背景略逊一等，实习经历也没有李林那么耀眼，但胜在有较强的人际影响力和团队凝聚力，在团队竞合中能够快速调动大家的积极性、厘清任务关键点和难点，发挥各自优势、各个击破，且能顾全大局，也有较为全面的自我认知和职业发展定位；而李林虽然有很强的个人成功愿望，思维逻辑性强、表达也富有感染力，但其在团队任务中，同理心较差、团队协作意识不强，对他人观点和分工协作的关注度一般，虽然事业目标远大，但对职业发展路径的规划不甚清晰，建议将其淘汰。最终，人力资源部门经过考虑，接纳了 RZ 公司的推荐建议，录用了高健。

经过 1 年半的培训学习和轮岗，高健对银行的业务有了较好的了解。他在工作中积极向团队优秀业务能手学习，并主动与领导、同事沟通自己的发展状况，寻求更多的任务锻炼机会，各方面能力均得到了较好的提升，在工作中显现出较为长远的发展后劲。他的业绩绩效在同批次管培生人员中名列前茅，得到了银行领导的高度评价，并作为优秀的管理培训生代表参与到了2018年的校招宣讲团队中。

15.5.4　校园人才招聘

普通的校园招聘区别于管理培训生项目，目的在于为企业各条线提供高质量的人才储备，通过企业的培训和工作实践成为企业的有效生产力，在评估中应重点关注学生适合做什么及愿意做什么。在评估工具的选择上，初试可以通过胜任力测评及在校期间综合素质表现来评估学生的基础能力，如团队合作、分析判断、沟通能力，利用职业价值观测验和心理风险测验来评估其角色认知及在未来工作中是否可能存在人格和情绪的问题，摒弃不合格人员。在后续的面试中，可采用专业性笔试、半结构化面试、团队任务来对初选人员能力进行进一步的验证。

15.5.5　一般操作人员

操作人员，如操作工、保安等，主要是按照既定的流程和规则来执行指令，要求的技能较为简单且容易培训，但操作人员容易产生留用风险，造成企业招聘成本的上升，因此，对操作人员的评估重点应在于"愿意做"的底层特质。在评估方法上，主要利用普通面试来初步甄别其工作的基础能力和工作意愿，利用心理风险测验来评估其是否存在人格和情绪的问题。

第十六章

招聘协议谈判技巧
——用心谈，用薪激励

俗话说"人往高处走，水往低处流"，事实就是如此。水往低流源于它的本性，人往高走在于人的欲望——谁都希望实现自我价值。作为谋求招聘优秀人才的企业，自然要针对岗位与人才本身的价值定位，为人才量身定制吸引其加盟的政策制度，这是人才录用的依据。企业在进行协议谈判前要对候选人的企业背景、现状进行充分了解，初步制定协议内容的框架，再去与候选人就协议进行商谈。在商谈过程中要抓住他最关注的需求点，如谈职位、绩效、薪酬、福利等，最终达成共识，并形成协议。从上面看，协议谈判主要包含动因分析、谈判准备、谈判流程、谈判实施四个方面。

16.1　做好谈判前的准备

一个企业在与候选人面试交流沟通过程中，当双方均有意向时，其招聘工作就将进入实质性的协议谈判与签约环节，由于企业对人才的当前价值、岗位匹配度和与未来发展潜质有一定的判断，人才对自己加入企业的职业发展和收入又有一定的预期，于是针对此职位的相关待遇的博弈就开始了，企业希望在相关政策框架范围内来达成协议，而人才希望获得的待遇越高越好。如何来达成两者之间的意愿并尽快签约呢？综合起来应从以下四个方面做好准备。

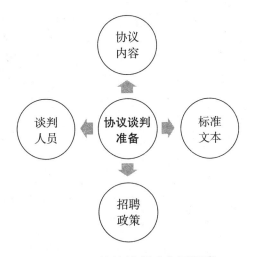

图 16-1　协议谈判准备四要素

16.1.1　确定好协议内容

一份规范的、标准的协议不仅代表一个企业的管理形象，同时也代表一个企业尊重、吸引人才的文化理念，其内容的多少、条款的粗细及严密性、合法性，都能反映企业的管理文化和水平，而企业管理的规范性和人才需求的差异性也可能带来协议的内容差异性，因此在制定协议书时必须厘清协议的内容。一般来讲，协议内容包括：个人基本信息、拟聘职位名称及职级、工作职责及绩效、报酬、福利情况（包括食宿）、合同年限及试用期等。企业在设计协议时版面、条款要清晰，内容要齐全并描述准确。一般而言，一份标准的协议模板主要有以下一些关键要素。

➢ 协议编号。

➢ 个人基本情况与履历。

➢ 职位信息。

➢ 薪酬福利信息。

➢ 合同期限。

➢ 其他。

16.1.2　制定好协议文本

企业应根据自己管理需要，制定规范的协议模板，并建立起企业的协议制度，当协议设计好后，再对协议进行规范的管理。

表 16-1 招聘协议样本表

招聘协议					协议编号：	
本人基本情况	姓名		性别	出生年月	身份证号码	
	教育情况	毕业学校		学历	社会职称	名称
		所学专业				
		毕业时间		学位		取得时间
	参加工作时间			现工作单位及入职时间		
	现职务 /岗位			是否与现单位有竞业限制类协议	□有 □无	
	户口所在地	省 市	联系电话		邮箱	

本人协议条款	项 目 名 称	应聘人员要求	用人单位答复
	1. 招聘岗位	岗位名称：	
		岗位绩效：	
	2. 工作地点		
	3. 协议收入	月度工资： 元 年度奖金： 元 其他： 元 年薪合计： 元	月度工资： 元 年度奖金： 元 其他： 元 年薪合计： 元
		长期股权 / 期权：	
	4. 相关补贴		
	5. 劳动合同约定		
	6. 试用期约定		
	7. 报到时间		
	8. 人事关系		

续表

相关辅助条款	家人	1. 家人安排		
		2. 子女教育		
	其他			
单位人力资源部意见		签字：　　　　时间：		
单位总经理意见		签字：　　　　时间：		

16.2　系统设计招聘政策

招聘人员在进行协议谈判之前，应详细掌握企业的职位体系、职业发展通道、薪酬结构及水平、福利待遇以及企业可提供的一些特殊政策，这样针对不同的人员就可制定不同的招聘策略。

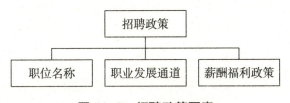

图 16-2　招聘政策要素

1. 设计好职位名称

在企业中，职位名称的设计与企业的管理文化有关，一些企业愿意把名叫大，社会上什么名好听就用什么名，这样的企业市场化特征比较明显。在人才市场化竞争中，职位是平台、是竞争力，因为在招聘工作中候选人比较注重"面子"，即职位名称，如果一个人现在是部长级，去应聘另一个企业的同级职位，如果把职位改为"部门总经理"，那么从"长"到"总"的转化就能让候选人感觉在层次上有提升。因此企业在招人时，职位名称不可忽视，应按市场法则和竞争规律来设计，下面是某集团的职位设计。

表16-2　机械行业某集团职位架构体系表

集团总部				事业部1		
职级	职位					
董事长						
总裁						
执行副总裁						
副总裁				总经理		
总裁助理						
总监						
副总监	部长			部长		
总监助理						
部长						
副部长		副部长			副部长	
部长助理						
正科长级			科长			科长
副科长级						
科员				科员		
事务员				事务员		

2. 规划好职业发展

让人才看到希望、看到发展前途是吸引人才的主要手段之一。如何把天花板抬高？企业要设计好员工职业发展通道并应用好。企业在设计职业发展通道时要考虑企业的规模、组织、人才培养的模式等因素。以下是某单位的员工职业生涯图。从此职业生涯图可以看出，一个刚毕业的新员工进入公司，首先是做实习生、做助理、做专员。当员工具备一定的专业能力时，如果同时具备管理能力，就可以向管理线发展；若不具备管理能力，就继续走专业路线。在职业发展过程中，随着能力的提升，还可以进行专业和管理的职业双通道发展。

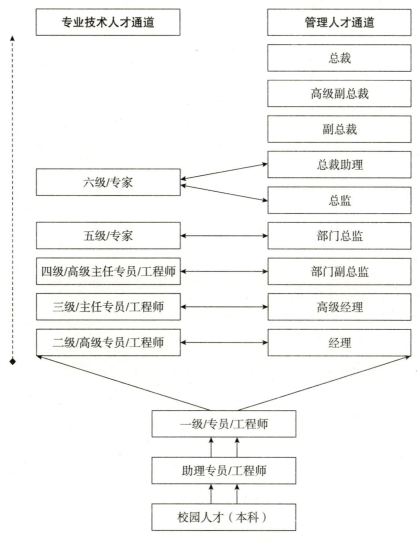

图 16-3　人才职业发展通道

3.设计好薪酬福利

薪酬水平应随着行业的特点、企业的发展状况、企业的吸引力、市场人才的竞争性等来设计。对于招聘人才要从来自不同行业、企业及本人的条件来设计，对于特殊人才、行业紧缺人才在设计薪酬水平时则应实施"他高你更高"的策略，否则企业就不可能招聘到这些人才。作为企业各层的管理者，必须要有这方面的认识和心态才能把政策设计好。具体策略可以参考以下几点。

（1）薪酬水平定好位

表16-3 不同层次人才的薪酬水平策略

人才层次及类型		薪酬水平策略		
		领先型策略	混合型策略	跟进型策略
关键核心人才中高层管理人员	来自高收入企业	领先并高于现收入	—	—
	一般企业	√	—	—
一般人才	来自高收入企业	—	√	—
	一般企业	—	—	√

（2）薪酬结构要科学

企业应尽量让招聘人才协议薪酬结构与公司的薪酬结构保持一致。由于人才所处的行业、企业不同，其薪酬结构也是有差异的，一般外资企业的月度收入占比比其他企业要高，招聘这些企业的人才若降低其月度收入，一般他们不会同意，因此企业在招人时，针对不同的企业人才应设计不同的薪酬政策。怎么来设计薪酬政策？一般是先设计开放总收入，对于月度、年度的占比及福利结构也要纳入招聘政策设计中，如果招聘人才的需求在现政策下仍不能满足，企业就要考虑其他一些政策加以补充，如户籍办理、人才奖励、子女教育津贴及特殊福利等，或直接用协议薪酬来约定，不要因政策限制企业对急需人才的引进。

表16-4 常见的特殊福利项目

长期激励	其他特殊安排	高管福利
股票期权限制性股票RSU绩效单元股票PSU股票增值权等	子女教育津贴安家费等	补充医疗保险车辆、司机住房补贴

（3）特殊要求有底线

候选人提出的要求企业可能无法全部满足，这时企业就要权衡好，要有取舍，也不应全部同意。因此，设定吸引人才政策时必须要有底线思维，跨越此线则企业应不予录用，否则将会带来整个系统的崩溃。

（4）设计好边际条件

候选人希望的条件企业满足了，但企业希望候选人到岗后设定的目标达不到怎么办？因此在企业给出的优厚条件同时应设定兑现条件，如补贴应设计服务期限、绩效奖金应在完成约定指标的前提下兑现，户籍办理必须本人符合地方人才引进条件并有服务期约定等。

16.3 选定最佳谈判人员

由于企业对招聘职位的层次及紧急性不同，而人才在市场上的拥有量、流动性、意愿性又有差异，企业多方努力确定了初步人选，选派什么人去与候选人交流谈判就要好好地策划：是派一人从始至终谈还是分人员层次多次谈，或直接确定底线由猎头顾问来谈等，具体可参考下表。

表 16-5 各层级人员谈判人员选择表

层　次	谈判人员	谈判前底线	人才感受
关键核心人才	HRD 及以上人员 业务部门一把手参与 猎头配合	听取候选人的要求，综合企业的政策框架抛出协议内容，听取候选人的反应进而共同协商	尊重
中高层人员	招聘经理 用人部门经理 猎头顾问	抛出协议框架内容，个别可以协商	互相尊重 可谈可商
一般人员	招聘主管	按政策体系框架	依制度行事

谁是谈判高手？苏秦、张仪合纵连横；晏子使楚，不辱使命；蔺相如完璧归赵……他们的个人形象和谈判风格给我们留下了深刻的印象，而企业也需要谈判高手。

那么一名优秀的协议谈判人员需要具备哪些良好的素质和能力呢？

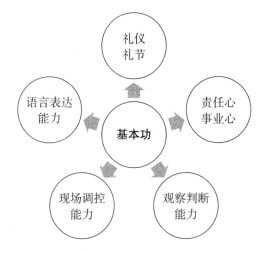

图 16-4　协议谈判人员必备素质

1. 注重礼仪礼节

在协议谈判过程中，谈协议的人员代表的不是个人，而是企业形象，礼仪礼节作为交际规范，是对候选人尊重的表示，也是谈判人员必备的基本素养。在谈判桌上，招聘经理彬彬有礼、举止坦诚、格调高雅，往往能给候选人带来赏心悦目的感觉，也能为谈判营造一种和平友好的气氛。反之，谈判者的无知和疏忽，不仅会使谈判破裂，而且还会产生恶劣的影响，直接影响候选人对这家企业的判断。

2. 高度的责任心和事业心

作为协议谈判人员，必须要有高度的责任心和事业心，自觉遵守企业纪律，维护企业利益；严格执行企业招聘政策，不能自作主张、毫无防范、口无遮拦。优秀的招聘经理一旦开始协议谈判，就要彼此尊重，并在此基础上展开智勇较量。但最终目的不是谁压倒谁，也不是置对方于死地，而是沟通和调整，使双方在企业政策范围内都能满足己方的基本要求，达成共识。双方通过这样的高境界的积极行为，力求获得公平合理的谈判结果。

3. 细致的观察判断能力

谈判人员不但要善于察言观色，还要具备对所见所闻作出正确的分析和判断的能力。观察判断是协议谈判中了解对方的主要途径，谈判人员要能够从候选人的语气变化、态度、选词用字的沟通过程中来感受候选人的脾气禀性、意向及个人风格。谈判说到底是人与人的沟通，了解候选人、针对其喜好而谈，更容易让候选人感受到亲切、真诚，从而加大谈判的成功率。

4. 灵活的现场调控能力

善于应变、权宜通达、机动进取是协议谈判者必备的能力。随着双方力量的变化和谈判的进展，谈判中可能会出现比较大的变动，如果谈判人员墨守成规，那么谈判要么陷入僵局，要么破裂。所以，优秀的招聘经理要有灵活的协调能力，要善于因时、因地、因事，随机应变。

5. 巧妙的语言表达能力

谈判重在谈，谈判的过程也就是谈话的过程，得体的谈判语言能力重千钧。所以，谈判人员必须能娴熟地驾驭语言。在回答那些应该回避的问题时，为了使自己不陷入尴尬的境地，要巧妙地运用语言的魅力，避免对抗性谈判。

16.4　协议谈判关键技法

当企业做好协议谈判的准备工作后，协议谈判就进入正式的 SOP（标准作业程序）阶段。总体来讲，主要分为以下 5 个步骤。

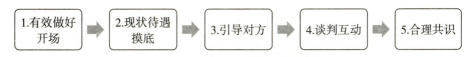

图 16-5　协议谈判的流程

16.4.1　有效做好开场

企业与候选人之间的协议谈判氛围直接影响谈判的进程与结果。无论多么急需的人才，在薪资谈判阶段都不能操之过急，这里不适宜开门见山，上来就问对方要什么条件，这会让候选人感觉是太直白的买卖。因此谈判开始时可以抛砖引玉地询问候选人的近期工作生活状况，通过感性的沟通打动候选人，同时回顾候选人当时面试的情况，适当表达对候选人入职的合理期待、认可及感谢，让候选人从情感上接受企业。

图 16-6　开场流程

16.4.2　现状待遇摸底

"知己知彼，百战不殆。"知己就是要了解企业自身的薪资结构和现状。知彼就是要了解候选人真实的和曾经的薪资待遇，并掌握同行业人才的薪资情况。在这方面，候选人与企业相比是处在信息不对称的状态，招聘经理可以在与候选人探讨市场行情后，再来与候选人交流，降低候选人的心理预期，使其主动降低待遇要求。以下是双方交流获得候选人的薪酬结构分析图。

图 16-7　知己知彼明白差异

表 16-6　候选人薪酬结构对比表

姓名			联系方式				现在职公司		
应聘职位									
分类	收入明细	目前薪资			期望薪资			公司薪酬		
		月	年	年度实际收入	月	年	理由或依据	月	年	差异对比
基本工资	固定工资									
	固定津贴									
	固定奖金									
总现金津贴	车补									
	住房津贴									
	其他现金津贴									
短期激励价值	销售佣金									
	年终奖金									
	特别项目奖励									
长期激励价值	股票/期权									
	限制性股票									
	长期现金计划									
非法定福利	死亡/伤残/医疗福利									
	养老福利/储蓄计划									
	汽车福利									
	其他非法定福利									
法定福利	社保计划									
	政策强制福利									
非金钱薪酬	职业发展									
	非金钱激励									
	工作与生活的平衡									

16.4.3　引导对方开价

在协议谈判过程中，在了解候选人的真实薪酬待遇和薪酬结构的基础上，要引导候选人表达期望薪资水平——最满意的薪酬福利及底线是多少，并能清楚其原因。在此基础上对比企业自身的薪酬标准。协议谈判的目标不是把薪酬压到最低，而是为招聘的人才应支付的合理薪酬。如果候选人目前的薪酬水平高于企业设计的最高薪值太多，招聘人员就应立刻如实告知候选人企业招此职位的底线，并向其声明，虽然企业很希望聘请他，但是真的无法支付如此高的薪酬，这时，有的候选人会综合考虑，进而选择让步。

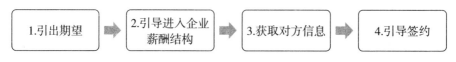

图 16-8　引导候选人的流程

16.4.4　谈判交流互动

每位候选人来应聘时都有自己的动机，虽然表面看薪酬是每一位候选人都很关注的因素，但在薪酬之外，岗位工作性质、培训机会、晋升机制、福利政策、公司文化等，不同的候选人有不同的关注点，招聘人员要做的就是把这诸多的因素结合起来，形成组合拳，抓住对方最关注的需求点进行重点说服，这样才有可能取得成功。另外，要关注候选人主动提出的问题，这些细微的话语往往能表露出他真正关注的方向。

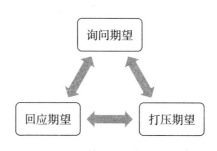

图 16-9　协议谈判的关键点

表 16-7　动机交流分析表

动机访谈分析表		
动机挖掘要素（SURE 模型）		动机访谈
Specification（详述）	角色	你为何要换工作？
	职责	你想从新工作中获得什么呢？
	薪酬	角色 / 职责 / 薪酬 / 工作环境 / 职业发展 / 生活与工作怎么来平衡？
	工作环境	如果我们给你想要的角色职责 / 薪酬要求，但是达不到你的薪酬 / 角色职责要求，你怎么看？
	职业发展	你如何考虑？
	生活与工作平衡	你怎么看工作时间和生活时间？
Urgency（紧急）	离职迫切度	你计划何时离职现公司？你计划何时入职新公司？
	入职迫切度	你准备多长时间后来我公司？
Relationship（关系）	支持者	在做最终决定时，你可能会关注哪些人的意见和建议？
		谁的意见对你最重要？为什么？
	阻碍者	对于你的离职决定，谁比较支持？有人反对吗？是谁？为什么他会反对？
		出现什么样的情况，你可能会改变决定，继续留在原公司？
Excitement（激励）	激励区	何时对工作最满意？满意什么方面？为什么？
		何时对工作不满意？不满意什么方面？为什么？
		说说两年后你对你的工作角色和状态的期待是怎样的？
	烦恼区	综合比较，我们在哪些方面吸引你？在哪些方面别人更吸引你？
		最近，你有碰到其他也让你很满意的机会吗？具体是满意什么方面？

16.4.5　合理达成共识

当企业与候选人之间已经形成了初步共识，此时就需要跟候选人再确定最后的商谈结果。在确认过程中，若候选人有些疑义，企业要与其耐心交流，可以在政策范围内适当让步，达成协议草签的目的。

16.5 "四阵法"搞定协议

一个人从一个单位跳槽到另一单位，其动因是不同的，有些人为"票子"而动、有些人为职业发展而动、有些人既为"票子"又为"面子"而动。作为企业，针对不同类型的人才要布不同的阵法，阵法设计好了就跨出了成功的第一步，就像餐饮行业经营，针对高端客户、中端客户、低端客户的门店开在什么地方、做什么菜品、提供什么样的服务都要进行精心的策划，同样，企业对于招聘人才也要因人而策划，既有共性又有差异的协议条款组合，才能满足不同人才的协议达成。

协议的关键要素主要涉及四个方面，简称2P2F。其中，每一个P和F都是一组对应关系，Present-Future是从时间的维度，将现在的工资福利和未来的职业发展联系到了一起，Position-Family是从职位和家庭的维度，将个人发展和家庭成员的相关要求联系到了一起。对这四方面条款的不同组合，将会对整个协议商谈产生意想不到的结果。

图 16-10　协议关键要素

阵法一：票子 + 面子

票子即薪酬福利待遇，面子即职位，特别是职务，中华民族是世界上最注重面子的民族之一，很多时候薪酬的高低并不是成就感的唯一体现，宁可做"鸡头"不愿当"凤尾"的现象多得是。

就"面子"而言，很多时候，挣"面子"比挣"票子"要付出的努力和辛劳更多，当企业给予人才职位和职务时，对人才的期望也就不同于此前，职位和职务不仅仅意味着面子和地位，它同时也是一种压力。对企业而言，很多时候不是不给"面子"，而是要看谁有能力要"面子"，谁能争取到更多的"面子"。对于基层人才而言，主要是"票子"越多越满足；而对于高层次人才，尤其是对一些强烈追求自我价值实现的人才而言，"面子"才是促进其流动的真正动力。

阵法二：薪酬 + 职业

也有一部分人才，他们具备良好的专业能力、积极的工作态度和向上的进取心，但他们往往在职业发展的道路上受阻，怀才不遇。

对待这种类型的人才，企业在招聘的过程中，需要为其提供适合他的职位，并帮他梳理职业发展规划，找到他的人生价值，发挥他最大的潜能。这无论对企业，还是对招聘人才而言都是双赢。

阵法三：个人 + 职业 + 家庭

对于把家庭因素放在首位的人才，安置好家庭是吸引其加盟的关键。虽然许多企业在招聘人才时不安排其家属的工作、不予解决子女入学等问题，但不解决这些问题又吸引不来人才。这些人才会利用自身的影响寻找地方企业，由第三方企业来安排家属工作、子女入学。对于这样的人才，一般在个人待遇方面不要给予太多特殊要求，在谈协议时一定要算组合成本。

阵法四：共性 + 差异化

人才应聘并入职，他们在谈协议时主要会从几个方面来考虑：一是移动带来的移动成本，如小城市移向大城市会带来住房等成本增加；二是移动后的激励成本，人才选择离职时都希望未来的生活环境好于现在，故招人单位必须要给予相应的激励待遇，如提高现有的收入水平。这自然就产生了共性和差异化的收入，如招聘国际化人才并派到国外工作，就必须给他去国外的移动激励、去艰苦地区的激励、不能降低现生活水平的差异待遇等。

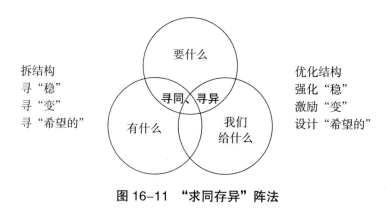

图 16-11　"求同存异"阵法

16.6　与不同人才谈判的法宝

协议谈判要达到两个目标：一是吸引与激励人才，二是平衡好内部员工的公平，这两点是协议商谈的关键点，必须把握好两者的平衡。谈判人员在谈判时一方面要体现应聘者本身的市场价值，另一方面又要在政策框架内把人招聘进来，这就对其谈判技巧提出了较高要求。由于企业招聘人才的职位层次不一样，因此在与不同层次的人员谈协议时应有策略，谈判人员要注意区别对待。

16.6.1　高层人才怎么谈?

一般来说，高层人才是顶着风险和压力来企业应聘的，因此在协议谈判的过程中要抓住高层人才的应聘动机，让老板出面，用公司战略发展、个人尊重实现、创新创业等为主导吸引。

高级别领导的介入往往会给高层人才协议谈判带来不一样的效果：一是体现企业诚意；二是体现重视；三是对候选人的特殊要求可以即时沟通。

1. 摸清候选人信息

高级别领导参与谈判之前，必须向其介绍候选人的基本信息，包括在前期沟通中候选人提出的考虑的重要因素、候选人的顾虑、对候选人性格、说话方式的把握等，以及对后期沟通中使用策略的建议。这样就能够让领导明确清晰地了解谈判如何有利，对谈判的重点进行前期策划，然后才能有针对性地和候选人进行沟通。

2. 候选人已有意向

只有在候选人已经流露出相关意向之后，才能邀请高级别领导介入，此时需要的是领导层介入来加强候选人的意向，而如果前期候选人都没有表示一定的意向，就贸然邀请领导介入，就很容易形成领导也谈崩了的局面，一旦领导层和候选人的沟通未能产生正向影响，后期的交流就会比较困难。

3. 带着意向去交流

高级别领导参与谈判一定不能是单单依靠他的地位和头衔来让候选人称臣，对于候选人提出的关键性问题，企业要在框架范围内适当让步，这样才能趋中求共识，让候选人觉得企业是有心、有意、有度地在和自己进行沟通协商。

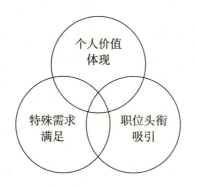

图 16-12　高层人才协议谈判关注点

 实战案例

关于高层人才协议谈判的关注点

H 公司的一位 HR 经理看上了一位非常优秀的管理人才，几经反复，始终搞不定薪酬，最终探明这位人才想去另一家更有名气的 A 跨国公司，而且该公司提供的薪资待遇高于 H 公司。于是那位 HR 经理拿出之前研讨过的关于 A 公司内部管理问题的各种案例，并用媒体公开报道的相关资料作为依据。候选者看到 A 公司在内部管理方式上与自身价值观存在差异后，转而决定不去 A 公司而接受 H 公司的 Offer。

从此看出，H 公司在薪酬上虽然不占优势，但是 HR 经理另辟蹊径，了解到竞争企业的管理文化与候选人之间的差异，并以此为突破口，放大候选人所关注的价值取向的差异性，缩小了薪酬之间的对比差异，最终赢得人才。

16.6.2　中层人才怎么谈?

中层人才跳槽主要是以下四方面原因：第一是"高原反应"得不到发展、学习不到新知识；第二是职业天花板，上层人多、晋升无望；第三是薪酬提升空间有限；第四是对企业发展看不到希望等。然而对招聘单位来说，这个阶段的员工应该最好用，是最有价值的，因此在协议谈判时，企业应把个人发展放在首位——有平台、有发展，何愁不涨薪。此时可以让候选人在一定程度上了解企业的职位架构、薪酬体系、企业文化以及公司内部的一些相关规定等，一方面可提前告知，另一方面也可以在协议最终形成前为其增强信心。

此外，谈协议人员可以在向业务部门反馈时转述候选人重点关注的问题，帮助业务部门增进对候选人的了解，并为候选人制定合理的职业规划，以便候选人入职以后能快速对位，胜任岗位并上岗。

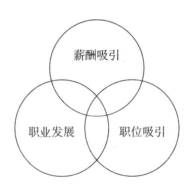

图 16-13　中层人才协议谈判关注点

关于中层人才的招聘

招聘经理：通过几轮面试，我们认为您符合该岗位要求，因此想和您谈谈待遇方面的问题。您目前的工资水平方便说说吗?

候选人：目前是年薪 ×× 万元，平均每个月 ×× 万元。

招聘经理：我们公司这个职位的基准工资是××元。您觉得如何？

候选人：太低了，现在跳槽的行情基本是工资上涨 20% 左右。

招聘经理：如果您的业绩较好，我们会发放 3 个月的工资奖金。正常情况下，奖金发放比例高达 98%。

候选人：我希望月薪和年薪都能比现在高一些。

招聘经理：（面露难色）您等会儿，我请示下老板……（请示后）领导希望您能留下来，因此最终决定月薪×× 万元，每年年底会有相当于 3 个月工资的奖金，年薪总额是×× 万元，比您现在的总收入高×× 万元。

候选人：这样的话，每个月的工资跟我现在还是一样，我想再考虑考虑。

原因分析

很显然这是个失败的案例，招聘经理在协议谈判前没有充分调取、收集候选人的薪资总额及构成明细，一味在具体的薪酬数字上做无效的"拉锯式"谈判，并没有充分挖掘候选人的个人职业目标与生活需求，更谈不上引导候选人关注企业的独特卖点等。协议谈判的关键在于 HR 是否充分挖掘出了候选人的个人职业需求——对事业的追求，并且针对此需求放大公司相应的卖点。

16.6.3　基层人才怎么谈？

基层人员跳槽最主要的原因：一是收入太低，二是工作环境差。由于他们大都是才工作几年的学生，经历阅历都不高，日常仅做具体操作性的工作，而且他们所处的时代、成长环境的不同使他们对工作环境的要求也较高，因此谈判时应抓住他对环境的看重，以改变环境、成长发展为主，薪酬以企业内部同层次收入为标准来谈。

图 16-14　基层人才协议谈判关注点

 实战案例

关于基层人才协议谈判

求职者背景：

（1）个人情况：26 岁，男性，本科，租房，未婚，父母退休；

（2）工作经历：目前在职，3 年软件开发经验，毕业至今换过一次工作；

（3）收入：目前收入 9000 元（基本薪资）+2000 元／每季度 +1 个月年终 +四险一金；

（4）离职动机：内部晋升空间有限、团队文化弱、想接触新技术、想找大公司去学习发展；

（5）薪酬目标：20000 元（税前基本工资）。

用人单位优势：

（1）在行业内具有较高知名度和影响力；

（2）与竞争对手相比，薪资报酬不处于领先竞争位置，但胜在公司对待员工比较人性化；

（3）目前企业处于高速成长期，发展非常迅速，职业机会比较多；

（4）公司有对员工的长期激励计划（虚拟股权计划）；

（5）有机会快速成长为组长，如能稳定成长将成为公司的核心技术人员；

（6）有加班工资，奖金按照月度考核发放。

用人单位劣势：

（1）该岗位已经发布了近 2 个月，一直没找到合适的人选。前来面试的人不是经验不足，就是薪酬要价过高，而现在该岗位空缺很久，用人部门较有意见，希望尽快能有人选到岗；

（2）该求职者各方面条件都比较合适，通过前期的面试测评，基本素质也比较过关，希望在协议谈判这关能顺利通过；

（3）公司的公积金需要自己缴纳。

技巧分析：

该求职者的期望薪酬水平较现有水平涨幅较大，但求职者工作经历尚短，

公司不仅要考虑高成本，还要顾及内部公平性，在薪资上并不能满足候选人的预期值。通过分析发现，候选人的离职动机主要还是企业文化不适应及发展空间受阻等，候选人所希望的平台正是该公司的优势，这是招聘经理谈判的突破点——用企业的事业发展前途吸引优秀人才加盟。另外，在实际谈判过程中，由于企业薪酬不是很具备市场竞争力，可以告知候选人公司的长期激励计划，但是要注意尽量少用数据来说话，尽量多用比例与结构说话。

16.6.4　校园人才怎么谈？

在校园人才的协议谈判过程中要注意以下几点。

➢ 谈薪酬处于行业的什么水平。

➢ 谈成长，在企业两年到三年内的成长情况及以后收入的增长情况。

➢ 入职培训、人才发展体系。

➢ 谈人文关怀，谈学长、学姐目前的发展情况。

➢ 让学长、学姐现身说法。

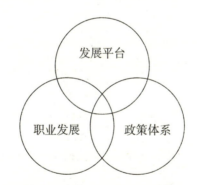

图 16-15　校园人才协议谈判关注点

1. 在与候选人谈协议时，猎头的屁股坐在哪里？

在我的招聘管理生涯中，对于猎头推荐的高层次人才在谈协议时，我一般不会让猎头参与，这是为什么呢？主要基于以下几个方面的考虑：一是猎头与企业合作时间长了，对企业的发展战略、业务规划、内部的激励政策等的研究甚至高于企业某些 HR 管理者，他们为做这单生意，一定要诱惑住候选人、说服企业去接受相应的条件，所以他们会尽量告之企业的底线，从而抬高价码；二是猎头费用是以收入为基数计提，也就是收入越高，他收取的费用就越高；三是他们会和候选人共同筹划如何获得共同的高收益，等等。以上这些决定了猎头顾问肯定会站在候选人一方，因为好人才不愁卖，还可以多次卖。

2.用诚意比以心计谈协议更好

"企业求好才，才求好利"这是企业和人才双方追求的目标。用绝对的诚意、诱惑力去砸死对方，或是用计让他签约，两者都各有利弊，但未来的结果各不相同。"诚意"的背后是你的真诚，用可实现的目标来对应其平台报酬，人才不仅追求高收入，更重要的是追求高安全，其协议待遇与职位价值差异越大，风险就越大。低了，候选人招聘进来知道详情后会认为被欺骗；高了，企业太关注、到处是红眼，人才会"高处不胜寒"，也没有其发挥才能的环境。

第十七章

如何做好背景调查
——入门再鉴才知真伪

17.1　背景调查，调查什么

员工背景调查（Background Check/Reference Check）是指用人单位通过各种合理、合法的渠道，来核实候选人提供信息的真实性的过程，是保证招聘有效性的重要环节。

背景"调查"或"核查"从广义上讲是对个人的性格、声誉、特点或生活方式的信息进行查询和收集。它可以只是简单的无犯罪记录查询，但对于从事敏感、高级岗位的人员，或者与弱势人群打交道的人员来讲，仅有无犯罪记录查询是不够的，还需要对其民事诉讼记录、资产和破产记录、信用报告和驾驶记录等进行全面的核查。

背景调查通常还包括对专业资格证书、学历教育、工作经历以及个人所提供的信息和专业证明进行核实。最后，背景核查还可能包括药物测试、健康检查乃至心理评估。通常需要查询过去七年的信息。

背景调查的目的是规避用人风险、保障招聘有效，主要包含以下五个内容。

1. 验证个人基本信息

出于个人的目的，候选人可能会对个人身份、工龄、年龄及籍贯等进行变更、隐瞒或者欺骗，因而企业在候选人入职前要进行身份信息的验证。

2. 验证个人履历信息

候选人是否胜任岗位的一个关键因素是要评估他以往的工作经历和经验是否能与岗位更好地匹配，因此对个人履历进行真实性调查显得尤为必要。具体可根据候选人简历、面试陈述和个人信息登记表中的内容进行逐一核实，具体包括候选人的任职公司、任职职位、职位层级、任职时间及工作业绩等情况。

3. 验证职位能力表现信息

候选人职位能力表现是其软实力的体现，也是另一个考察岗位匹配性的关键因素。职位能力表现信息的调查相对复杂些，调查事项包含候选人的性格、情绪处理能力、沟通方式、人品等处在冰山下面的东西，虽然这些在面试过程中都可初步了解，但面试时主要还是候选人的一面之词，不足为凭。所以背景调查主要针对的是候选人的上司、同事、朋友及其他与其相识的人员，也即要通过360度调查方法，综合全面地考察候选人的情况。

4. 验证不良记录信息

不良记录一般包含两个层面：一是触犯法律法规并得到相应制裁的犯罪记录；二是虽未触犯法律，但个人信用和信誉受到个人行为的负面影响的情况，体现在个人诚信档案上。为了避免候选人在入职后给公司带来一些不确定因素，所以对候选人的不良记录信息要加以严格验证。实际操作中，可要求候选人在入职前开具无犯罪记录证明或诚信证明等，以规避风险。

5. 验证潜在风险信息

潜在风险主要是指候选人可能会刻意隐瞒一些信息的情况，如与原单位签订竞业限制协议、保密条款等影响候选人在未来工作中发挥的协议，可能会令企业承担一些用工风险和用工成本。所以对于潜在的风险要逐一审查，宁缺毋滥。

实战案例

竞业限制协议违约怎么办？

2018年4月，邓某入职A公司，担任高级客户经理，每月薪酬1万元。同时，双方签署雇员保密协议。同年10月，邓某自A公司离职，双方签订了一年期限的竞业限制协议，A公司支付邓某竞业限制补偿金6万元；双方还约定，如邓某违反协议，则应支付A公司违约金50万元。后A公司调查得知，邓某离职后入职B公司，而B公司与A公司存在竞争关系，便以要求邓某及B公司返还竞业限制补偿金、支付违约金为由向法院提起诉讼。

庭审中，A公司提交了B公司的营业执照、年审结果等，证实A公司与B公司存在竞争关系；A公司提供了公证书等证据，证实邓某确实在B公司工作。最终法院同意了A公司的诉讼请求，B公司为此承担了不少损失。

由上述案例可知，在招聘人才时，背景调查必不可少。"候选人是否与原单位签订过竞业限制协议"一般是背景调查的必选项目，有效的背景调查除能核验候选人本身的能力素质外，还能使招聘单位避免类似风险。

17.2　如何去做背景调查

背景调查的方式很多，针对不同层次的人员可采取不同的方式或各种方式的组合进行调查。

1. 电话咨询

在面试过程中，企业可要求候选人提供2—3名的证明人，明确证明人的姓名、联系方式、职位等信息。一般，公司可通过打电话的方式与证明人取得联系，在确认身份的情况下，按流程咨询相关问题。由于候选人一般会和证明人事先说明，所以通过电话的方式，也能够取得证明人的信任。

2. 书面调查

在做调查时，作为官方的调查渠道，可向候选人原单位的人力资源部发送书面的正式函件或邮件，说明需要了解的候选人在其单位任职期间的相关经历及表现等信息。通常以公对公的形式取得的信息往往比较真实、准确。

3. 面对面访谈

针对某些关键岗位的候选人，可采用上门拜访的方式，对候选人原先所经历的公司情况进行调查，并从多方面对候选人的情况进行询问，往往能获得大量的一手信息。

4. 网络资源

学历、学位证书，任职企业官网信息、任职期间新闻信息查询等均可通过互联网资源进行核实，这些信息可由企业人力资源部自行调查，一般无须委托外部机构。

5. 其他方式

利用公司的人际关系网络，从比较熟悉、了解候选人并且能保守秘密的朋友处调查；从候选人的亲朋好友处调查；从候选人的同学、老师处调查；还有，针对有些知名度的候选人，也可以从网络平台上、从合作客户处调查。

通常，候选人如果是通过猎头渠道推荐的，可委托猎头公司代为调查；如果候选人是公司从自有渠道获取的，则可委托第三方机构进行专业的背景调查或者通过个人关系网络资源对候选人的情况加以了解。

表 17-1　背景调查备案表

信息类别	授权类别			调查主体			调查方式					备注
	完全授权	部分授权	不授权	人力资源部	第三方机构	猎头公司	电话咨询	网络资源	面谈证明人	书面调查	其他	
基本信息												
履历信息												
职位信息												
隐藏信息												

17.3 背景调查关键事项

进行背景调查前需先征得候选人同意，无论是委托第三方进行背景调查抑或自行进行，都需要征得候选人同意，以免造成法律纠纷，具体可参考表17–2。

分类整理候选人的相关资料，包括面试官反馈及候选人自述的信息，针对不同类别的信息选择相应的背景调查渠道，以提升背景调查的工作效率。

根据岗位信息和任职要求，确定背景调查的重点内容并编制背景调查表，按照背景调查表逐步调查并做好记录。

调查过程中，如果是公司人力资源部自行调查，无论调查对象是否离职，都尽量不要透露自己的真实身份及公司信息，必要时可委托第三方公司进行。

对仍在职人员进行背景调查时，应注意为求职者保密，调查时须格外慎重。

在做背景调查前务必要与候选人沟通，征得对方的同意和授权，获取书面认同后方可实施，以避免不必要的纠纷。不得采用违法违纪手段取证。

通过背景调查获取到的候选人的材料和文件要严格保密存档，不得外泄。

对中高层管理人员的背景调查，从任职经历上，一般应不少于三个最近的任职单位；从时间跨度上，5年以内从事的岗位都应列入背景调查的范围。

为确保背景调查情况的真实性和可信度，应找应聘者原单位的主要领导和人事部门负责人进行取证。

背景调查中如发现有疑问之处，必须弄清事实真相，不留疑点。如电话背景调查不清，可向该单位发背景调查联系函，详细列清需要了解的问题。

背景调查既是对应聘者素质的再一次考察，又是一次提升自我的机会，无论对方的接待是否热情，都应该怀揣一颗感恩的心，谦虚、礼貌，珍惜这个交流的机会。在调查的同时，调查者也代表着本企业的形象，言谈举止间也应该注意给对方留下良好的印象。

表17-2　背景调查同意书

背景调查同意书

鉴于本人应聘××公司的××工作职位，本人谨以书面形式同意××公司指定的第三方对本人进行必要的背景调查，并确认该背景调查并不会对××公司构成必须录用本人的约束条件。鉴于××公司承诺不会将背景调查过程中所获知的本人相关信息用于任何非法目的，亦不会将本人相关信息非法披露于其他方，本人同意并确认由××公司指定的第三方对本人进行的背景调查并不会被视为对于本人合法权益的侵害，亦不会被视为对于本人在××公司之外任职（如有）的任何侵扰。

同时，本人承诺在应聘的过程中所提供的全部资料和信息真实、准确、完整，承诺在以往的工作经历中无不良记录，未受到过处分。如××公司获知的背景调查情况与本人前述承诺或提供的资料和信息不一致，本人将承担因此产生的一切后果，并主动离职。

本人同意××公司有权就如下事项进行调查：

1.本人的人事档案（人事档案存档单位：_____，联系地址：_____，联系人及联系电话：_____）。

2.本人的社会保险缴纳单位：_____。

3.以前工作的公司名称、任职岗位、任职时间、职务、薪资水平、教育背景、学历等（原工作单位：_____，联系地址：_____，联系人及联系电话：_____）。

4.职业操守、有无不良记录。

5.上级、平级、下级对本人工作表现的评价。

6.本人的人行征信报告：_____。

7.其他××公司认为必要的调查事项。

特此同意。

同意人签字：

年　　月　　日

填表须知

社会保险缴纳单位请填写上一家工作单位或人才服务公司名称，未缴纳过社会保险的填"无"。

原单位联系人请填写直接上级或人力资源部同事，为便于联系，联系电话请填写手机号码。应届毕业生填写学校名称、地址、班主任（导师）姓名及联系方式。

表 17-3　应聘人员背景调查表

一、应聘者基本信息

姓　　名		性　　别		出生年月	
毕业院校		学　　历		专　　业	
应聘职位 / 职级		面试主管		拟予职级	

　　说明：对拟录用职位为主管以上或财务类、采购类与仓管类的应聘者，须进行背景调查。

二、个人经历信息（由近到远，调查 1—3 家单位，原则上由人力资源部安排专人进行调查）

对象	分项		单位一	单位二	单位三
应聘者自叙	任职时间				
	任职岗位				
	职位层级				
	下属人数				
	主管上级				
	直管上级				
	岗位职责	1			
		2			
		3			
	主管电话				
	联系人电话				
	离职原因				
信息证实及调查方式	所留联系方式	电话	□真实　□无人接听 □不存在	□真实　□无人接听 □不存在	□真实　□无人接听 □不存在
		证明人	□真实　□姓名不对 □无此人	□真实　□姓名不对 □无此人	□真实　□姓名不对 □无此人
		服务单位人力资源部	□真实　□搬迁 / 更名 □无此单位	□真实　□搬迁 / 更名 □无此单位	□真实　□搬迁 / 更名 □无此单位
	调查方式		□电话　□网络 □其他_____	□电话　□网络 □其他_____	□电话　□网络 □其他_____

续表

三、调查结论

录用建议	□录用 □谨慎选用	□录用 □谨慎选用	□录用 □谨慎选用

四、签核权限

调查人	人力资源经理	行政系统副总 / 总监

实战案例

用人单位能凭借员工的免责承诺规避风险吗?

【前情提要】

A 公司招聘李某进入公司任技术经理,但李某所属的原单位 B 公司不同意李某离职的离职日期,需要李某在职一个月后办理离职手续。A 公司要求李某即刻上班,但李某表示一个月后才能拿到离职证明,并同意向 A 公司出具声明信,明确承诺李某已与原单位 B 公司解除了劳动关系,如因不属实而导致 B 公司追究法律责任,责任由李某自负。有了此声明信,A 公司放心地同李某签订了劳动合同。很快,A 公司突然收到传票,B 公司起诉李某,要求李某承担因解除劳动合同而给 B 公司造成的培训费损失 50 万元,A 公司承担连带责任。原来李某应聘进入 B 公司后即被公司派往国外进行了付费培训,而 B 公司为此支付了培训费 50 余万元,双方签有培训协议,约定李某为 B 公司服务 5 年。

【审理结果】

审理机关认为,李某与 A 公司共同导致 B 公司遭受损失,理应承担连带责任,共同赔偿。虽然 A 公司已经与李某约定所有责任由李某承担,但是这仅是双方的约定,B 公司并不知晓,因此不能以此对抗 B 公司的请求,A 公司应与李某负连带赔偿责任。

【案例解析】

本案的焦点在于，A公司并不知晓李某与B公司的培训协议约定，虽然李某出具了声明信，但是因为双方约定不能对抗第三方，因此A公司并不能因此而免责。

【风险防控】

为防止发生赔偿风险，用人单位可以采取如下补救措施：

1.在劳动合同中约定，如果员工与其他企业尚有法定或者约定义务的，视为不符合录用条件，企业可以此为由解除劳动关系，试用期过后，可以员工存在欺诈行为为由解除劳动合同。

2.用人单位可以书面与劳动者约定，如果因此而致使企业承担赔偿责任的，用人单位可以向劳动者追偿。

第十八章

人才待入职期管理
——别让熟鸭子飞了

人才寻到了、Offer发放了，人才来不来？是准时来报到还是推迟时间来报到？一切皆有可能。通过前面大量的工作，确定了候选人、Offer完成发放并收到候选人确定入职的反馈，这仅仅是完成招聘工作的一步，签约人才能否按Offer约定时间来公司报到入职才是最关键的一步。企业要通过做好周密的报到工作安排，让人才从签订协议开始就能体验到企业的规范管理、服务质量和人文关怀，他才能放下包袱，走进企业。因此，确保人才准时报到和入职期间的规范管理非常关键。

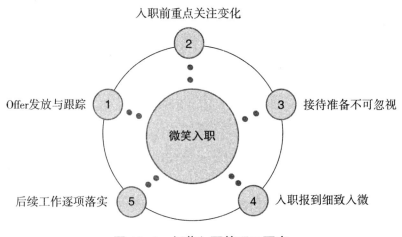

图18-1　规范入职管理五要素

18.1　Offer模板如何设计

一份好的Offer除设计清晰外，更重要的是内容齐全且合理合法，应注意以下几个方面。

1. 版面设计新颖

Offer 的设计应内容完整、条理清晰，因为 Offer 不仅是一种表达双方意愿的文本，同时也是一种传递企业文化的媒介，其版面设计应新颖大方，不落俗套。

2. 厘清协议内容

Offer 一般应包含三个方面的内容：（1）对待入职人员的欢迎词；（2）企业的合约条件，包括工作岗位、工作内容、薪资福利待遇等；（3）待入职人员的报到时间及报到时应带齐的相关证件等。

3. 明确双方权责

为了规避风险，应在 Offer 中明确双方权责，尤其是对招人企业更有利的失效条件的明确。

如有的企业发出 Offer 后，通过背景调查发现待入职人员所提供的信息不实。为了让招人单位能够合法顺利地解约，可以事先在 Offer 中设计失效条件，如 "报到时不能提供身份证和离职证明的，本 Offer 自动失效" "本通知书有效的前提是个人提供的全部信息属实，如发现与真实情况有出入，则本通知书不生效（或自动失效）" 等。

4. 收发双方确认

企业发出 Offer 后，待入职人员应该有相应的回复和确认，因此在 Offer 的设计中应注意增加设置待入职人员的反馈环节。以下是某著名国际公司的聘用同意书。

18.2　Offer 发放注意事项

18.2.1　Offer 信息填写无误

招聘主管按 Offer 模板及双方商定的协议填写相应条款，在发出前，应确认所填写的信息准确。

> 职位：应与待入职人员应聘职位信息一致，包括任职单位部门及科室名称、岗位名称、任职资格等内容。

> 待遇：应与单位最终审批的薪酬待遇结果一致。

> 相关事项：是指除了职位和待遇之外，双方有特殊约定的内容，如户籍、子女入学等事项。

表 18-1　聘用同意书模板

××××网络技术有限公司

聘　用　同　意　书

　　本公司很高兴聘用您为公司员工，我们真诚地希望您能在本公司发挥您的才干，而且我们坚信本公司能为您提供极富挑战的事业机遇。下列为本公司聘用您的有关条件及待遇，如接受，请您于××××年××月××日前在相关处签署并确认，逾期自动失效。

◆ 姓名：×××　　　　　　　　　工作地点：×××

　　工作部门：×××　　　　　　　职位：×××

◆ 工资：税前工资人民币××××元

◆ 试用期：根据公司政策，试用期为 3 个月，包括培训前期，聘用期自入职之日开始，请在聘用期开始日至公司指定地点报到。公司有权根据您的实际工作表现缩短或延长试用期，但最长不超过 6 个月。

◆ 法定福利：根据国家有关法律规定，公司将在您在公司工作期间为您缴纳法定的社会保险。

◆ 公司福利：

年假（带薪休假）：参照公司相关制度。

商业保险：公司为员工提供团体人身 / 意外伤害保险和附加医疗保险。

午餐：公司为员工提供免费工作午餐。

◆ 行为规则：您必须遵守公司的有关行为守则，不能从事任何与公司利益相抵触的行为，包括不能泄露您因工作关系而接触到的任何的公司机密。您在开始报到工作时，应同意签署保密协议等文档。

◆ 其他聘用条件：本意向书是否生效，尚取决于对您以往背景的调查以及身体检查的结果，您必须保证且提供有效、合法的文件，证明在受聘于公司前，已同原工作单位解除所有聘用关系或者员工在接受此聘用前正式待业。

◆ 法律依据：本协议符合中华人民共和国有关法律规定。

◆ 备注：本意向书未尽事宜，按照公司有关规定执行，同时公司将依据实际情况不断对本协议进行合理修改。双方具体权利义务应以双方正式签署的劳动合同为准。

本人完全接受并同意上述条款

签名：

日期：　　　年　　月　　日

18.2.2　发放后双方要确认

Offer 发放前后，双方应及时确认沟通，以免出现信息传递不及时、信息有误等问题。

> 发放前：HR 招聘主管应与待入职人员充分沟通，再次确认职位、待遇等相关信息，确定入职时间，并确认待入职人员收到的 Offer 内容和发送地址一致，杜绝错发现象。

> 发出后：HR 招聘主管将 Offer 发出后，应电话或短信提醒待入职人员查收，并提示待入职人员按照 Offer 要求在规定期限内反馈回执。

18.2.3　预防一方取消 Offer

在 Offer 发出后，招人单位由于企业自身情况发生变化，不想聘用该人员了，应及时沟通。依合同法的规定，Offer 作为一种要约可以撤回和撤销。撤回时需给待入职人员发一份关于撤回 Offer 的通知，且要求此通知要在 Offer 送达前送至待入职人员手中。Offer 撤回的，其效果相当于未发出，招人单位不需要承担责任，除非已经造成待入职人员实际损失。

虽然看上去 Offer 对企业要约方有约束，而对个人似乎没有任何约束（对个人的约束多以三方协议明确，且录用的主体为校园人才），但如果企业方在 Offer 上规定了个人的违约条款，就需要求职者遵守，一旦违约也要承担相应的违约责任。即使没有约定违约条款，求职者也应与企业及时进行沟通，体现自己的职业精神，否则求职者就有可能进入 HR 的黑名单，影响求职者的职业发展。

用人单位能单方面取消 Offer 吗?

李某在 B 公司工作，参加了 C 公司举办的面试，一个月后收到了 C 公司的 Offer，Offer 中写明了岗位、薪酬及报到时间，并要求李某迅速办理相关手续来公司报到。李某遂与 B 单位解除了劳动关系，放弃了当年的年终奖金。当李某依照 Offer 所约定时间至 C 公司报到时，C 公司却通知李某，C 公司改变了对李某的录用决定，决定不与之签订劳动合同。李某不服 C 公司的做法，诉至法院要求 C 公司承担责任，并赔偿其放弃的当年的奖金并支付其寻找工作期间的保险和工资损失。

【双方观点】

李某认为，C 公司在发出 Offer 后拒绝让他报到入职，存在明显的过错，理应承担相应的赔偿责任。C 公司则认为，其发放的 Offer 并不是合同，不具有合同的约束力，可以随时撤销。

【审理结果】

法院认为，C 公司向李某发出 Offer 的行为，已经构成了合同的"要约"，而李某也明确表示到 C 公司工作，双方应该受到约束，C 公司拒绝与李某建立劳动关系的行为，属于缔约过失，因此支持了李某的诉讼请求，判令 C 公司承担相应的赔偿损失。

从法律意义上讲，Offer 确实不是劳动合同，仅是招人单位向劳动者发出的录用意向，但它对招人单位而言是具有法律约束力的。只要劳动者同意并符合 Offer 中的约束条件，招人单位就应当按照 Offer 中承诺的内容如期与劳动者订立劳动合同，否则就要承担相应的缔约过失责任。

18.3　双方勤交流多沟通

18.3.1　必备的定期跟踪交流

待入职人员接到 Offer 后不一定会入职——他们的应聘动机不同，有些是为了检验下自己的价值，有的是为了"骑驴找马"。

为了避免被应聘者"放鸽子"，HR 管理者就需要做多方面的预防工作，尽可能地与待入职人员保持联络，了解他们最近的动态，如是否已向单位提交离职报告、是否正与直管领导谈话、是否正办理离职、离职过程中是否出现一些难以解决的问题以及需要提供专业方面的帮助等，以此来判断待入职人员决定离开原单位、进入本单位的决心，判定待入职人员接受 Offer 后入职的可能性。

18.3.2 视需求而调整协议

1. 犹豫不决快沟通

当待入职人员犹豫不决时，企业应迅速作出反应，招聘主管应及时与待入职人员进行沟通。

（1）倾听其想法：通过倾听待入职人员的顾虑及想法，了解待入职人员更多的信息。大部分待入职人员，特别是高级人才，在跳槽的时候往往顾虑很多，首先要理解他、耐心听他倾诉，从中分析他到底为什么犹豫，然后再帮他分析利弊。

（2）交流讲技巧：在与待入职人员沟通前，应提前了解待入职人员情况，针对待入职人员的现状进行多角度分析、前后对比，让待入职人员相信并接受企业所说的和所应允的。在沟通过程中要注意亲和力，当然也不排除要在特殊情况下"无情打击"一下。对分寸的把握，要视环境和待入职人员的个体差异而定。最关键的是不同层次的人才要让不同的人员去交流，并且交流时间、地点要策划好。

（3）快速去推进：在待入职人员入职前，要展开一系列的交流活动，让犹豫不决的待入职人员"不得不"作决定。以下是一个企业的做法的总结，从中可以看出不同企业的不同特色。

> 强化他的选择意向：书面感谢待入职人员接受 Offer，并告知他接受 Offer 的决定是对的，他来公司后会收获什么。

> 让待入职人员清楚你已经为他安排好一系列的活动。你可以告知他，CEO 或某位高管会在他入职的第一天亲自迎接他。如果待入职人员是比较高层次的人才，他会意识到爽约会在行业内造成多么不好的影响。

> 给他的家庭成员赠送小礼物和欢迎信。你可以提供情侣衫 / 亲子装或其他礼品，以增强家庭成员的支持。

> 通过多种媒体传播其未来的去向。

2. 协议差异快商谈

有些待入职人员在面试时表现很好，对公司也很认可，但当接受 Offer 后，却剧情大反转，抛出了种种问题，这是为什么呢？

（1）不在意变为特在意：待入职人员在面试中未在意的问题，如是否解决户口、是否照顾子女入学等，到了录用阶段在意了。或许是面谈中关注的重点不在这些问题上，或许是面谈时分神了（如抱着试试的应聘态度，没想到被录取了）。

（2）不敢问变得必须问：面谈过程中因紧张、顾虑，一些问题没胆量问，被录用后，不得不问了，不然心里没底，迷迷糊糊不敢来。

（3）希望获得更多待遇：这种类型的待入职人员想法较多，可能面谈时问得不够仔细，被录用后又考虑到其他问题，总是有无数个问号出现在脑海里。或者他已有备选 Offer，希望争取到更多的利益。

（4）希望了解更多信息：待入职人员或者未下定决心，或者受到他人指点，需要对公司继续考察下，所以就提出一些问题，希望能从问题中获得有效信息。

通过以上工作的开展，待入职人员的问题可能一部分会得到解决。针对待入职人员提出的要更改协议内容，如加薪、增加其他待遇等项，应尽快履行内部流程，看是否需要加、加多少，若认为人才值得则加，不值得则放弃。

18.4 "一站式"服务报到

1. 准备好办公资源

整齐的办公桌、干净的电脑、必备的文具……当员工第一天上班时，发现自己已经拥有一个整洁、舒适的办公环境后，他会感到兴奋并充满对新工作的期待。

2. 制订好培训计划

新员工入职培训，是员工进入企业后第一个工作环节，它是员工转变角色的过程，使得新员工能够尽快融入企业、承担起岗位职责。因此，在新员工入职前，就应规划好入职培训准备工作。

3. 协调好三方工作

用人部门、人力资源部门和新员工三方，在入职前一定要充分地沟通和协调工作。三方应沟通确定好入职时间，一方面让新员工做好入职准备，另一方面让用人部门做好迎接新员工的准备。

4. 安排好行程住宿

待入职员工在入职前，应确认是否需要用人单位安排其入职前的住与行。特别是对高端岗位人才，用人单位应提前确认入职行程，安排车辆到机场或火车站接站，同时主动为新员工安排临时住所，保证新员工顺利入职（见表 18-2）。

表 18-2　接待准备工作计划表

序号	项　目	内　容	完成时间	验收人
1	办公资源	1. 电脑 2.……		
2	培训计划	1. 培训计划编制 2.……		
3	三方沟通	1. 时间沟通 2.……		
4	行住安排	1. 交通安排 2.……		

5. 笑容服务迎宾客

在入职接待中，无论是人力资源部门还是用人部门，都应该积极热情地接待每一位入职的新员工。报到时，应有专人陪同进行手续的办理，做到报到流程高效清晰，从材料审核到入职培训井然有序，生活安排到位。

6. 政策制度全阅读

在办理新员工入职时，应首先请新员工阅读《入职须知》，并发放《员工手册》，让新员工充分了解公司相关的政策和制度，其内容应包括员工的职业发展路径、公司的绩效评价体系、培训学习平台、薪酬福利政策、考勤休假管理等基本规则。

7. 填签文件不可缺

按照入职流程办理入职：核实新入职员工的 Offer、身份证、学历学位证、学历认证报告、职称证书、户口簿等原件及复印件以及解除劳动合同证明和完税证明等，并建立入职档案；按照相关内部管理制度的规定签订《劳动合同书》《保密协议》《竞业限制协议》等相关文件，并进行社保办理和转接；明确新入职员工的电话号码、电子邮箱等公司内部沟通信息。

表 18-3 报到办理工作清单

招聘人才情况	姓　　名			招聘时间		报到时间	
	意向部门			招聘岗位		招聘形式	
	报到手续办理工作项目					办理情况	经办人	办理日期

入职报到办理	报到材料审查	☐	白底照片×4	☐	离职证明原件			
		☐	学历、学位证原件及复印件	☐	体检证明			
		☐	身份证复印件×4	☐	其他材料			
	报到手续办理	1	劳动合同、保密协议					
		2	干部履历表					
		3	社保公积金表					
		4	人才招聘协议表					
	员工本人办理事宜	1	办公用品领取					
		2	单身宿舍					
		3	计算机					
		4	员工卡					
		5	班车卡					
		6	体检证明					
		7	党组织关系					
新员工							经办人	

8. 离职证明核验

候选人从原单位离职，原单位必须开具离职证明。一般证明书应写明劳动合同的期限、劳动合同终止或解除的日期、该员工所担任的工作。如果劳动者要求，用人单位可在证明中客观地说明解除劳动合同的原因，并加盖企业公章生效。

劳动部《关于企业职工流动若干问题的通知》规定，用人单位在招用职工时应查验其终止、解除劳动合同的证明，以及其他能证明该职工与任何用人单位不存在劳动关系的凭证，方可与其签订劳动合同。用人单位违反法律、法规和有关规定从其他单位在职职工中招录人员，给原用人单位造成损失的，用人单位应当承担连带赔偿责任。

该规定要求用人单位招用职工时，必须查验该职工与原单位终止、解除劳动合同的证明，以确定其是否与别的用人单位之间还存在劳动关系。若劳动者不能提供相应的离职证明，新用人单位招录的，新用人单位将承担用工上的风险。所以，一般情况下用人单位不会招录无法提供离职证明的劳动者。由此可见，离职证明本身是劳动者再求职的一种凭证。

9. 引导人才去入职

HR 招聘主管为新员工办理完成入职手续后，由用人部门安排专人接待新员工。引导人员负责带领新员工熟悉部门同事、领导及工作环境，并协助新员工安顿好住宿、购买相关生活用品等。

正式上班第一天，部门领导应举行简短的欢迎仪式并向新员工致欢迎词，同时第一次就餐，要安排老员工陪同。

18.5 后续工作逐项落实

18.5.1 承诺事项要落实

新员工入职后，招人单位应将承诺且审批通过的各项条件，如薪酬待遇、户口、子女入学等逐项落实。

　　企业要及时安排好协议约定的各项工作，要制订实施计划和落实时间，及时与员工对各项事宜的进展情况进行沟通，增强员工对录用单位的信任感。

表 18-4　新聘人员报到后后续工作办理表

姓　　名		招聘时间		报到时间			
单　　位				岗　　位			
报到及后续工作手续办理工作项目			已完成	办理中	延期	负责人
后续工作手续办理	1	住房安排				
	2	临时食宿安排				
	3	职务任命				
	4	子女入学、入托相关事宜				
	5	报到费用报销				
	6	档案转移				
	7	户口				
	8	工作居住证				
	9	暂住证				

18.5.2　定期跟进常访问

　　新员工入职后，为提高新员工对公司的满意度，HR 应对新员工进行动态管理，定期进行回访，了解其对公司的认可度、对工作的胜任度以及在工作中遇到的困难，及时有效地处理新员工在适应公司文化、工作环境及工作本身中遇到的问题，提高新员工的融入度；同时要注意及时与新员工所在部门的主管进行沟通，要求部门主管对新员工一个月内至少面谈三次，以了解新员工的工作主动性及适应性。

18.5.3　情感交流做到位

　　从新员工入职的第一天到试用期结束，是决定新员工能否融入企业的关键时期，在这个阶段，人力部门和用人部门需重点关注新员工的动态，保持有效的沟通至关重要。

总之，企业 HR 需要用热情和真诚去对待每一位新入职人员，只有这样才能使他们在最短的时间内融入企业、融入团队，为企业创造更大价值。

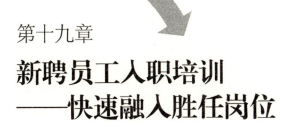

第十九章

新聘员工入职培训
——快速融入胜任岗位

实战案例

新手上岗顾虑多

某企业作为国内领先的行业龙头，随着企业战略的调整，近年来战略布局动作频频。他们加大了人才引进的力度，新员工的招聘工作如火如荼，由于待遇丰厚，候选人们在经历了重重面试之后，终于进入了这家向往的企业。然而，这家企业新招聘的人才在试用期内不断有人离职，该单位的法务部门也注意到试用期内离职员工的劳动争议增多，用人部门也不时到HR部门那里反映问题，希望尽快能解决试用期内招聘人才离职率高的这个问题。针对这些问题，HR主管及时对近期试用期内离职的情况做了统计分析，加大了离职访谈的力度，同时对用人部门也进行了访谈交流等。通过以上的工作，HR了解到，新聘人才离职的原因集中表现在以下方面：试用期政策制度不规范，因企业正处于转型调整时期，许多工作流程不顺，整天忙研究标杆、做上会报告，且没日没夜地加班，无暇顾及新入职人员的融合工作，协议约定的绩效目标又因转型工作调整而无法实现，人才没有融合感、安全感、成就感，担心试用期满考核不合格被淘汰，故另寻机会提早走人。

通过对众多企业的调研分析总结，一个新员工在加入一个企业前期大都会遇到以下几个方面的问题，企业只有设计好新员工入职的管理制度，并真正做到位，才能保证员工快速度过适应期并正式走上岗位。

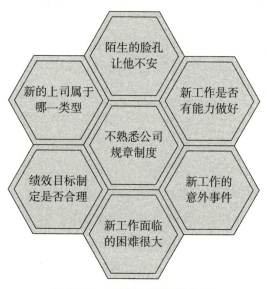

图 19-1　新员工面临的问题

那么企业如何让新员工快速了解一个企业的文化、制度体系，让新入职的员工尽快消除各种困惑，尽快投身到工作中，完成岗位的工作职责并达成绩效目标，顺利通过试用期考评并正式上岗呢？对此，企业应当从以下几个方面入手。

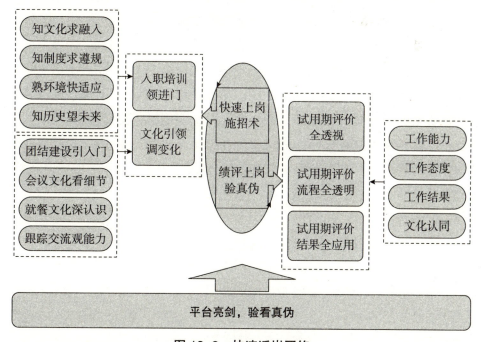

图 19-2　快速适岗网络

19.1　如何做好员工入职培训

入职培训是公司为使每一位刚入职的新员工尽快了解企业、融入企业而开展的诸如公司历史、公司战略、工作流程、组织结构、行为规范、管理文化等培训活动的总称。

一个新员工只有真正了解新的企业，才能快速地调整自身，去转变、去走进、去适应、去融入。那么，如何快速了解企业呢？重点是做好这两个字——"知""行"。"知"就是知道企业的文化、政策制度、管理流程等，"行"就是去行动、去遵守，按业务的流程开展工作，要达成这些目标，培训是最好、最快的方法。

19.1.1　建立入职培训制度

企业要建立起新员工入职培训制度，新员工只有培训合格后才可正式上岗。有些企业由于缺失入职培训或培训不规范，带来的后果对双方都是不利的。对员工来说，在不全面了解企业文化、规章制度的情况下就上岗，会走许多弯路，甚至因不适应而被解聘；对企业来说，会因新入职人员的不胜岗、表现不佳问题带来人才流失，甚至有可能带来不应有的劳动纠纷——特殊工种不培训就上岗甚至会带来生命财产安全受损的问题，保密科研单位不进行保密制度培训就有可能带来机密外泄。因此企业应建立新入职人员的培训管理制度。

企业对新聘人才必须建立起系统的培训体系，从计划的安排、课程课件的设计、讲师的配备、效果的评估等，针对不同层次的人设计不同的培训方案，并系统性地推进，达成培训目标。

19.1.2　构建入职培训体系

新员工入职培训是一个系统性的常态化项目，既要培训岗位所需的基本技能、介绍公司的基本情况，还要考虑员工的短期胜岗和长期发展。新员工入职培训需要持续很长一段时间，不仅需要人力资源部门组织参与，也需业务部门配合才能较好地完成，因此，构建新员工入职培训的组织管理体系是非常有必要的。

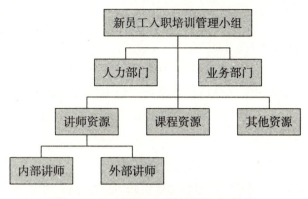

图 19-3　新员工入职培训组织保障

19.1.3　编制入职培训计划

新员工培训的目标一般包含以下四个方面。

➤ 文化导入，帮助新员工快速转变，融入企业文化。

➤ 帮助新员工了解企业的制度及管理规范。

➤ 培训当前岗位所需技能。

➤ 给新员工树立规范管理的企业形象。

根据新员工培训目标、培训的内容分为通用类培训和专业类培训，通用类培训解决的是文化融入的问题，而专业类培训解决的是员工胜岗的问题。其中，以制度规章规范类为代表的专业知识培训是培训工作的重点，其目的是通过培训让员工明确自身岗位的工作、正确地掌握工作流程、准确地使用各种工具。以胜任岗位应具备的任职资格要求为导向，可采用"导师制"的形式，关注对新员工工作流程、岗位职责、专业知识、业务知识的辅导。

19.1.4　组织好培训和评估

1.有效组织，做好评估

培训的实施需要培训管理者具备良好的控场能力，并且能够进行完整的体系管理，每个环节都有备无患，否则，再好的培训方案也难以落地实施、达到预期的目标。

为了保证培训效果，应在培训的各个环节避免因人为因素带来的负面影响。因此，从培训通知开始，就要进行细致的准备，包括参训学员的通知确认、讲师的确认、培训内容的确认、现场设备确认等。流程为发放培训通知 - 学员参训确认 - 培训现场管理。

培训组织结束后，企业必须进行有效的培训效果评估。目前企业培训存在的最大问题在于许多企业没有认识到培训评估工作的重要性，没有将精力放在培训的评估工作上，从而无法准确判断企业所付出的培训投入到底产生了多大的提升效果。

培训评估方式多样，主要注意以下三点。

第一，培训一定要考核，且要有淘汰机制。没有考核、没有淘汰机制的培训，会使新员工没有学习压力，容易得过且过。例如，某路桥公司会在试用期后让新员工进行自身评估，同时也让其上下级对其进行评估并与其沟通，使其明白自身能力的"短板"。

第二，分阶段进行培训效果评估。不能等到培训结束，才知道培训的效果不理想。要分段进行效果评估，不合格者还可以进行补充培训。

第三，对培训效果的评估要全面。可以从公司级培训、市场级业务培训、专业课、实习等几个维度（按照实际需要赋予不同的权重）进行评估。

总之，"好的开始等于成功的一半"，新员工进入公司最初阶段的成长对于新员工个人和企业都非常重要。公司人力资源部门一定要在新员工入职初期就给予正确的引导，灌输基本的企业文化理念，不断树立"培训标杆"、指定"入职引导人"，不仅要帮助新入职员工提升专业知识和技能，更要引导他们的正确思想和心态。

IBM 的新员工培训

"无论你进 IBM 时是什么颜色，经过培训，最后都会变成蓝色"，这是 IBM 新员工培训时流行的一句话，人们称 IBM 的新员工培训是"魔鬼训练营"，充满艰辛和考验。

IBM 要求新员工进入公司后熟悉公司的理念，规定新招收进来的员工，每人都要接受公司信念的教育，作为行政类人员只有为期两周的培训，而所有市场和服务部门员工则要经过三个月的"魔鬼训练"，内容包括：了解 IBM 内部工作方式，了解自己的部门职能；了解IBM的产品和服务；专注于销售和市场，以模拟实践的形式学习IBM怎样做生意，以及团队工作和沟通技能、表达技巧等，这期间，十多种考试像跨栏一样需要新员工跨越，包括：做讲演、笔试产品性能、练习扮演客户等。如果被分配当销售人员，还必须进一步接受为期十二个月的初步教育训练。教学方法为现场学习和课堂讲授相结合，75%的时间在各地分公司度过，25%的时间在公司的教育中心学习。销售教育训练第一期课程为销售政策，市场销售实践以及计算机概念和IBM公司产品介绍。

在进行初步教育训练之后，第二期课程主要是学习如何销售，由本公司在销售第一线有突出成绩的一流人才担任授课老师，全部考试合格，才可成为IBM的一名新员工，拥有自己正式的职务和责任。

在第一阶段的学习中，每堂课都是讲产品知识，最有挑战的是当天讲完的课程第二天早上就要进行考试，成绩低于70分就算不及格。

所有考试的成绩平均下来作为第一个阶段的成绩。规则是，所有人的成绩按照高低排名，前25%得分为1，最后25%为3，中间的50%为2。在三个阶段里，如果有两个阶段落在最后5%就要回家。也就是说，如果别人都考了100分，而你考了99分，对不起，你是最后5%，也得"回家"。这其实就是对市场法则的模拟。

第二阶段叫解决方案销售培训（Solution Selling School），历时一周。睡眠时间加起来可能不超过10个小时。不论是销售还是技术人员都要学会解决方案的销售。除了教授解决方案的知识和销售技巧之外，这个阶段里面最有特点的是要做模拟客户拜访练习。学员模拟IBM的销售代表，IBM从公司里请来资深的销售人员扮演客户。

这个阶段是所有人体会最深、收获最大的培训阶段，大家懂得了团队的真正意义，懂得了在团队中如何分享彼此的领导能力、如何共同协作，同时高质量地完成工作，大家更懂得了如何在压力下创造出团队的出色业绩。

入职培训中这些课程的设计，一方面服务于IBM的转型战略，将总结出来的最佳销售流程和模式融入其中，同时利用行为科学的实践方法，用体验式的学习手段使员工的思考和行为模式得以固化。

IBM通过这个培训，把新进入的员工塑造成自己想要的样子。参加完这门课程之后，他们将真的练就一身打上IBM烙印的"童子功"，成为蓝色IBM真正的一员。

2. 培训方式灵活多样

新员工的入职培训，从培训形式上，可以结合新员工的自身特点，采取灵活的培训方式。

第一，自学。由企业规定相关的课题或内容，发挥新员工的能动性，通过各种渠道（在线学习或者线下资料学习）进行自主性学习。

第二，集中培训。将所有新员工集中在一起，进行通用知识的培训，主要以公司内讲师授课为主。

第三，导师辅导。给新员工配备培训导师，对其遇到的问题予以指导及引导，达到既定目标及效果。

第四，活动。通过多种个性活动也可以达到培训的目的。如拓展训练、军事训练、各种比赛等方式。

表 19-1　新员工入职培训的方式表

阶段	入职一周	入职三个月		入职六个月
形式	自主学习	新员工集中培训	导师辅导	评估改进
培训内容	员工手册 企业相关规章制度	品牌及业务介绍 职业道德、职业发展	一对一辅导	转正率
成果监测	在线考试	案例测试	日常工作、小组讨论	评估报告

19.2　新聘员工入职文化培训

19.2.1　文化培训快融入

新员工文化融入

D是一家全球著名的外资公司的工程师，两个月前跳槽到另一家公司工作，因情绪低落找到主管领导聊自己这两个月的苦闷。他说道："我之前公司的管理完全是开放式的，办公桌没有间隔，每人每天的位置也都不同，每天工作八小时，不管你几点到公司几点离开公司，所有人都忙得团团转，我一走进办公室，看到繁忙的景象，就觉得浑身的血液都沸腾了，体内的干劲儿就像要往外溢似的。大家不论职位高低，一律直呼对方的英文名，感觉很平等、很民主。公司对员工的创造力和工作效率要求很高，大家工作都很拼命，通宵加班是常事。我们的待遇很好，但正式员工并不多，很多员工是以协作形式聘请的，公司里的电脑系统也都是外包的，成本降低了不少。可是到了现在的公司，上班必须按时打卡，内部等级森严，领导和下属之间有着不可逾越的鸿沟，更不用说和以前一样可以直呼英文名称，目前我在咱公司获得的薪酬福利待遇确实比之前的公司好，但是少了一些符合员工个性化需求的福利待遇，人性化不够。"

D的抱怨其实是外资企业和内资企业文化差异的缩影，不同国家的企业由于受当地文化、民族文化等的影响有着不同的文化差异。

所谓的企业文化在一定意义上其实就是老板们的行为文化，就是老板们自身阅历性格的表现，企业决策者的个性行为在某种程度上赋予了企业文化内涵与力量。例如，任正非的军人经历构筑了今天华为半军事化管理的企业文化。说到底，企业文化在某种程度上就是管理者的行为文化的缩影，也正是这些管理者身上特有的性格缩影，才衍生出了各具特色的企业文化。

由于企业文化是企业特有的文化，是在特定条件下形成的，受国家、民族、地域和管理者的影响，因此会存在文化差异。新员工只有适应了这种文化，才能去适应、去改变。

19.2.2　制度培训求遵规

没有规矩就不成方圆。制定制度是企业行之有效的管理手段，相当于企业的"法"，对于企业管理的重要意义是不言而喻的。一个新员工进入企业后，首先应该知道该做什么、不该做什么，如常规的考勤规定、工作区的禁烟规定、持证上岗规定等。只有宣贯到位，员工才能遵守，而《劳动法》规定，企业的规章制度只有对员工实施培训后，对员工违反规定的处罚才有效。

企业通过培训让新员工学习了解公司的用工制度、行为规范、奖惩制度等基本制度，让员工知道在公司享有什么薪酬福利待遇、应尽什么职责。

总之，在新员工入职时开展公司规章制度培训必不可少，不仅要让员工了解公司有哪些"法"，更要让其知"法"守"法"、违"法"必被处罚。这是每一位新员工在新单位成功上岗的前提，他所学到的规章制度将一直伴随他在企业的成长。

19.2.3 熟悉环境快适应

"心安之处是吾家"，家是安心的地方。不少企业提倡员工把企业当成家，那么就要想办法让他们的心安家，只有这样，他们才能安心开展工作，并取得应有的绩效。

新员工初进企业，不熟悉新环境，陌生感会让其产生焦虑并加大他的工作和生活压力。因此，在新员工刚到部门时，部门内其他员工应主动表示欢迎，并对周边环境进行介绍，关注新员工是否有不适应环境的情况并加以帮助。

19.2.4 知历史望未来

知道企业的发展历程、知道其发展的内外因是什么、其核心竞争力在哪里等，就可以从中分析总结，尽快调整自己的思想行动，这样才能在自己未来的职业生涯中取得持续的发展。

华为新员工融入管理，180 天 8 阶段行动清单

加入新公司，几乎所有人都会遇到一堵墙：文化的差异、工作习惯的不同。但是在促进新员工顺利融入方面，大部分管理者并不太清楚自己需要做什么、怎么做。华为的新员工融入管理计划——180 天 8 阶段的行动清单，值得参考。

表 19-2　华为 180 天融入管理清单

阶段	时间安排	关注重点	行动清单
第一阶段	3—7 天	新人入职， 让他知道来干什么的	1. 安排位置 2. 开欢迎会 3. 岗位、公司介绍 4. 第一周的工作任务介绍 5. 安排新老同事接触

续表

阶段	时间安排	关注重点	行动清单
第二阶段	8—30 天	新人过渡，让他知道如何能做好	1. 熟悉公司各部门 2. 安排老同事带新员工 3. 积极沟通反馈、肯定与表扬
第三阶段	31—60 天	让新员工接受挑战性任务	1. 讲清工作要求和关键指标 2. 开展团队活动 3. 给予包容，多给机会
第四阶段	61—90 天	表扬与鼓励，建立互信关系	1. 及时表扬 2. 鼓励的多样性 3. 分享成功经验
第五阶段	91—120 天	让新员工融入团队，主动完成工作	1. 鼓励发言 2. 团队经验分享 3. 鼓励提建议 4. 处理矛盾
第六阶段	121——179 天	赋予员工使命，适度授权	1. 帮助下属重新定位 2. 及时处理负面情绪 3. 提升员工的企业认同感 4. 适当放权
第七阶段	180 天	总结，制订发展计划	1. 准备绩效面谈 2. 先肯定，后说不足 3. 协助下属制定目标和措施 4. 给予下属参加培训的机会
第八阶段	每一天	全方位关注下属成长	1. 关注新下属的生活 2. 庆祝生日 3. 团队活动

19.3　员工文化融入的四技法

19.3.1　团队建设营造氛围

提到团队建设，大家会想到搭台子、发票子、跑路子。的确，这些实在看得见的东西都很重要，但是往往有一些软性的、无形的东西、看不见的力量在日常工作中起着巨大的作用，并且左右着我们的团队。部门可以组织一系列的互动，让新员工快速融入新团队中。

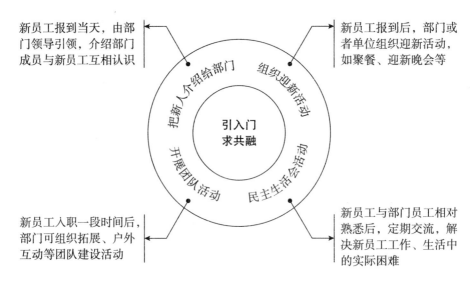

新员工报到当天，由部门领导引领，介绍部门成员与新员工互相认识

新员工报到后，部门或者单位组织迎新活动，如聚餐、迎新晚会等

把新人介绍给部门　组织迎新活动

引入门
求共融

开展团队活动　民主生活会活动

新员工入职一段时间后，部门可组织拓展、户外互动等团队建设活动

新员工与部门员工相对熟悉后，定期交流，解决新员工工作、生活中的实际困难

图 19-4　新员工入职部门团队建设

19.3.2　会议文化看懂管理

让新员工尽量多地参加到公司的相关会议中来，通过参加会议了解企业的管理。新员工可以从会议材料的准备入手了解企业的文化，如准备什么样风格的会议材料，通过参会了解如何呈现会议材料，如何在会议上进行汇报等，通过这些管理细节和分散在各环节的关注点，来加快其了解企业文化的速度，而不是仅寄希望于入职培训和同事交流等，让新员工从每一个管理细节来加速了解和融入新东家。

会议是一个了解公司战略、文化、风格、氛围等多方面特质的很好的渠道，人力资源部门可以有意识地引导新员工通过会议尽可能多地了解企业、快速融入。

1.看会议管理规范

一看会议有无专门的部门或人来组织管理，二看会议有无管理体系。一级会议、二级会议及各业务会议等是否有专门委员会来管理、会议召开的周期、会议决策的事项等，这些都能体现一个企业的会议管理规范性，也可以从侧面反映其管理水平。

　　规范的会议管理体系必须有召开会议时间管理、打卡等考勤管理的要求，从参会人员的情况、列会情况、中间溜号情况均可反映出会议的管理水平及企业文化。

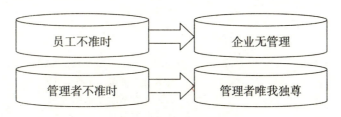

图 19-5　会议准时性

　　无纸汇报、一纸汇报材料、精简汇报材料、从猿到人演变过程的复杂汇报材料，这是不同企业、不同主持人的听汇报风格，怎样去适应、去改变自己、要及时去做哪些调整，均要在观察中领会、去调整自己，今后的汇报才能得到认可。

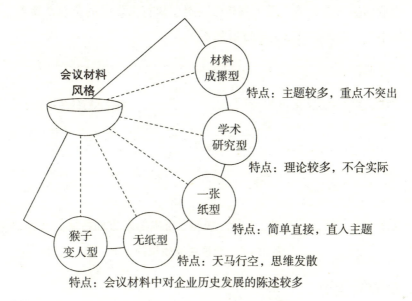

图 19-6　会议材料的风格

2. 看决策与执行

一次会议决策还是多次会议决策、是个人一言堂决策还是充分交流讨论中决策，这些往往是企业领导人的决策风格的体现，不同的人、不同层次的领导风格是有区别的，只有适应改变才能让自己的报告或项目获得决策。

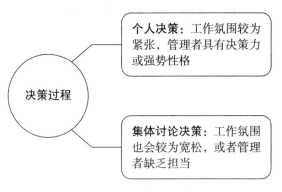

图 19-7　会议决策

企业的执行力高低，会从会议的决策执行上得到充分的体现。会议决策确定的项目，又有专人调度，若在这样的管理下，所有的部门尚且不执行，就说明这个企业的执行力太弱，反之则较强。对于执行力较强的企业，新入公司人员要格外小心，否则把自己丢进坑里都不知道。

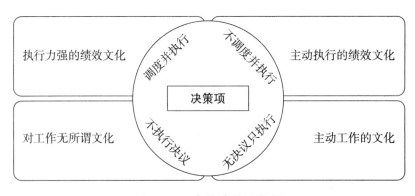

图 19-8　会议决议项执行

3.看领导的喜好

是好大喜功还是居安思危、是喜欢听成绩还是听问题、是鼓励积极发言还是"一言堂"、是喜批评还是喜表扬等，员工对这些要仔细琢磨总结，及时去调整自己的风格，减少走不必要的弯路。

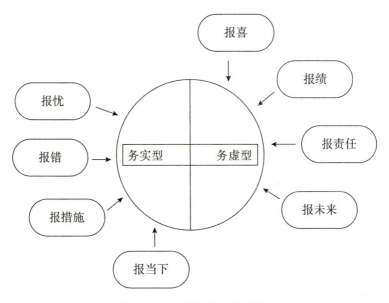

图 19-9　会议的汇报喜好

19.3.3　就餐文化加深了解

俗话说"一叶知秋"，有时候也许还可以"一餐知人"，从一餐饭什么标准、什么风格、什么人参加、什么人为主角、餐中大家以谁为中心、小群为聚或大家齐欢、交流的主题、餐后的活动等都能体现一个团队的文化及个体的特点，"酒文化""交流文化""皇上文化"等，这些对于新人来说怎么从中体味、怎么从中融入，需要自己去把握。

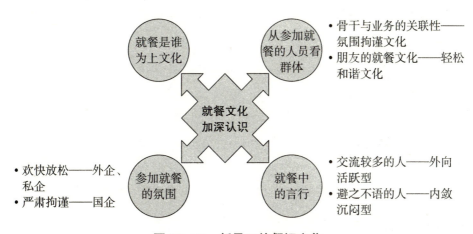

图 19-10　新员工就餐识文化

19.3.4　跟踪观察看能力

跟踪什么？这里的跟踪不是去做"谍战"，去"偷情报"，用人单位一要时时关注新人的工作方式、交流沟通能力、工作效果，及时发现问题并及时帮助纠偏，二要为下一步的考核评价提供依据。

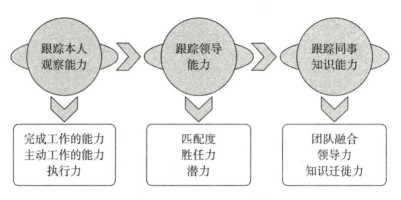

图 19-11　跟踪交流观能力

1. 让人才做人才的事

我曾经遇到一件奇葩的事：一位优秀的人才终于入职，但才过了 3 天就提出离职，一问原因，才知是公司在入职前的准备工作环节出了纰漏。公司新员工入职前，IT 部门协助为其配备办公电脑，但由于工作疏忽，此人来公司后一直未见办公电脑，而自己的电脑又不能连入公司局域网，无法开展工作，协调再三，解决无门。而公司又没有给其安排助手，会议安排得自己干，复印文件也得自己干，坚持三天不见头绪，人才走了。这是干的什么活呀？请记住，企业花钱请人才，就一定要让他干"财（有价值的）"事！

2. 适者才能生存

人才从一个环境进入另一个环境，首先是生存下来。如果生存不下来何谈创造价值？就如一个冬天去南方的北方人，下飞机的第一件事是脱衣服，否则他会热得受不了，他只有像南方人一样穿衬衫才能适应当地的气候，这样的转变是不用说就可以了解的。而在企业中谁去帮助人才脱去那厚重的衣裤呢？只有企业的入职管理者、用人部门的领导，他们可以用语言、行动告诉人才。只有这样才能使新人融入这个环境，而融入了这个环境他才能生存。

3. 改变是永恒的主题，企业人才应双变

企业招人才是为了带来企业的改变，无论是高层带来企业的转型变革还是中低层带来工作方法技术的改变。总之一句话，企业招人是为了求变的，人才改变环境同样是为了求变，无论是追求职位或收入的改变，目的就一个：求变。

因此，企业如何帮助人才求变、人才怎么去推动企业改变才是彼此追求的，而入职培训就是一个很好的帮助改变的环节。企业应抓好入职培训，让人才作出与企业相一致的改变，人才在企业的文化环境下发挥才能去推进企业的改变。企业认可人才，人才忠诚于企业，大家为同一目标而努力改变，这才是正道。

4. 一叶真知秋吗

随着时间的推移，人才进入企业后，其特点包括本性会慢慢表现出来，企业应在对人才的考察中关注细节，从细节中发现人才的能力及特点，如人才在就餐中的表现、会议中的汇报思维等细小环节均可以体现出人才的一些能力特点。

一叶可知秋也。

第二十章

试用期的考评管理
——充分用好试用期

为什么还要支付违约金

A企业是一家在某行业新崛起的企业，企业发展迅速，但是人才发展跟不上，于是公司决定从社会中招聘更高层次的人才。经过猎头推荐，确定了候选人李先生，双方通过交流协商确定了职位及薪酬福利待遇：职位为××业务总监，薪资为120万元／年，并约定试用期为6个月。给予如此高的职位及待遇，公司希望他能在××业务上给公司带来突破并取得较好的绩效。李先生进入公司后，该公司对其给予了极大的关注，入职培训做得很到位，并对其在各方面亲切关怀。但是从李先生的实际表现来看，并不如公司期待的那么理想，于是主管副总安排人力资源部对其定期考评。HR考评后，也认为此人与其从事的岗位及享受的待遇并不匹配，另外，由于签订协议时较为仓促，没有对其绩效目标进行约定。在试用期满前2个月，HR与主管副总找到总经理，希望对李先生的试用期考评有一个结论，但总经理对此人很有信心，认为他没有问题，有能力管理好该业务，让HR和主管副总再观察看看。然而最终李先生不仅没有好的绩效表现，反而越做越差，在内部引起极大不满不说，外部关系也一塌糊涂，可惜此时已经错过了对李先生的最佳处理时间。公司决定辞退李先生，在双方谈判过程中，在是否胜岗的标准问题上纠缠了很长时间，最后以A公司支付××万元经济补偿金让李先生走人而告终。

从上面的例子可以看出，造成此结果的因素主要是以下两点。

第一，协议中未明确双方的胜任岗位条件及绩效承诺，造成之后评价无标准。

第二，企业没有充分利用好试用期管理中的权利，发现了问题未能及时评价解决，试用期的最后期限也未用好，造成人才、企业的双方损失，企业还多支付了违约金。

由此可见，企业要重视试用期绩效目标的设计及双方约定的承诺。试用期考评是非常重要的环节，而考评标准中绩效目标是关键。

如何评价一个招聘职位是否关闭？不是人才报到就完成招聘工作，而是新聘人才经过试用期的考核评价合格后才能关闭此项工作，在有些企业，这个过程甚至长达一年。不管是试用期还是实习期，对于企业和人才来讲都应有可接受的评价标准并依据此标准作出评价。规范的企业在协议中就会约定公司每一个时期的绩效指标及目标。而一些企业并无目标，招聘人才来了后企业再按自己的考评办法在规定的周期内对人才进行评价，这样对于企业和人才双方来说均有风险：对于企业来说，招错一个人就有可能毁掉一个业务；对人才来说，改嫁新东家，能否被东家接受并且生存下来，涉及自己的职业前途、居家的生活保障，错入一个企业也可能毁掉其职业生涯。因此，试用期间，企业与人才的互相考察和适应非常重要。

随着人才流动性的加大，员工在一个企业工作的平均时间也趋于缩短。对于企业而言，在有限的时间内发现并留住需要的人才，试用期管理是关键。加强员工试用期管理，其重要性主要体现在以下几个方面。

首先，推动整体最优的系统化管理，使企业与新员工之间摒弃传统的互不信任的合作方式，向合作共赢的方向发展。

其次，难以融入新的文化氛围、无法接受新的价值观是新员工流失率高的主要因素之一，加强员工试用期管理，使新员工尽快接受企业的文化、价值观是做好稳定员工队伍的第一步。

最后，由于一部分新员工在结束试用期之后，将会离开企业，而在他们离开的同时，也会带走并宣传自己对该企业的印象和评价，所以员工试用期亦是企业向社会展示自身形象的一个重要窗口。

如何做好新员工的试用期管理，关系到企业的人才发展。如何让外来的新鲜血液与企业脉搏一起跳动，这才是企业人才发展的根本。

20.1　人才能力考评的四个维度

试用期管理是从系统性的角度出发，对试用期内员工的工作内容、绩效管理、薪酬定位等进行设计、规划和控制，以最大限度地减少新员工与企业之间的猜疑和内耗，通过整体最优来提高新员工与企业的竞争力和福利水平，实现两者的共赢。

很多企业对新员工没有评价标准，在新员工转正时往往拍脑袋作决定；当然也有一些企业有评价标准，但这些标准因没有量化或细化而无法操作，最后还是凭感觉来决定。那么，新员工试用期到底该考核评价些什么呢？

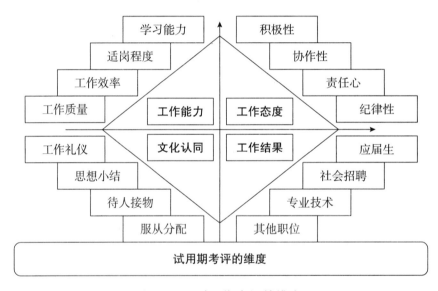

图 20-1　试用期考评的维度

20.1.1　从工作能力看

即为达成组织期望的工作业绩所必须具备的、完成所在岗位工作的能力，尤其是在关键业务领域的能力是否满足公司对岗位的要求。一般员工能力要求包括对本岗位的熟知、学习能力、适岗程度、工作效率、工作质量等。对于管理人员要求的能力包括人际交往能力、影响力、领导力（激励、授权、培训等）、沟通能力、执行力、决策判断能力等。根据岗位的不同，企业需要调整相应评价能力的指标。某企业工作能力考评指标如下表。

表 20-1　某企业试用期考评指标表

考核项目	10分	8分	6分	0分
学习能力	有强烈的学习意识，有明确的学习计划（与本职工作相关）	注重学习，同样的错不会重复犯，能很快学会新知识	被动学习，能很快纠正错误，学习新知识能力一般，学得缓慢	无学习意识，拒绝学习新知识
适岗程度	相关知识、经验、能力和技能与岗位要求符合	专业不对口且专业度不够	专业对口但知识有欠缺不能独当一面	不适岗
工作效率	能在规定时间要求内或提前完成任务，对问题反应迅速	基本能完成任务，不太能处理突发事件	能完成任务，但一般不能应急	效率低下
工作质量	完成的工作达到甚至超越预期效果	符合工作要求并有一些创新	基本符合工作要求，无创新	差

20.1.2　从工作态度看

一个人对工作的看法决定了采取的行动，这背后就是一个人的价值观和成就动机。一个态度不端正、行为动机不强的人，工作业绩也不会好。以下是某企业的工作态度考评指标。

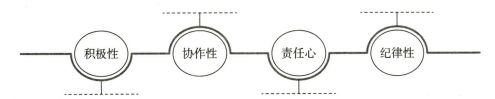

图 20-2　试用期工作态度考评指标

表 20-2　试用期工作态度考评指标库

考核项目	超出目标（A）	达到目标（B）	接近目标（C）	远低于目标（D）
积极性	长期坚持学习业务；对于额外任务能主动请求并且能高质量完成	主动学习业务；工作中有时能够提出新的思路和建议	偶尔主动学习业务；主动完成一般额外任务	不主动学习业务；很少主动承担额外任务

续表

考核项目	超出目标（A）	达到目标（B）	接近目标（C）	远低于目标（D）
协作性	主动协助同事出色地完成工作	能够与同事保持良好的合作，协助完成工作	根据同事的请求能够提供一般协助	不能积极响应同事的请求或者协作任务的完成质量较差
责任心	对于本职工作高度负责，在完成好本职工作的前提下，经常愿意承担超出自己工作范围的任务，工作热情	对于分配的工作负责任，愿意承担额外工作，在执行过程中能体现热情	能够接受工作安排，但不能马上发现自己的问题并改善	很不情愿地接受工作安排，出现问题经常指向他人
纪律性	能够长期严格遵守工作规定与标准，有非常强的自觉性和纪律性	能够遵守工作的规定和标准，有较强的自觉性和纪律性	基本能够遵守工作规定，能够遵守纪律，自我要求不严	不遵守工作规定和标准，经常违规，自觉性和纪律性差

20.1.3　从工作结果看

让一名新员工在短短几个月的试用期内就创造明显的绩效是不现实的。但是对一些管理岗位还是得设置一些短期内能完成的任务，通过这些任务的完成来考察他是否做事、是否有结果。

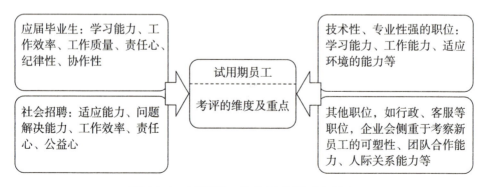

应届毕业生：学习能力、工作效率、工作质量、责任心、纪律性、协作性

社会招聘：适应能力、问题解决能力、工作效率、责任心、公益心

试用期员工
考评的维度及重点

技术性、专业性强的职位：学习能力、工作能力、适应环境的能力等

其他职位，如行政、客服等职位，企业会侧重于考察新员工的可塑性、团队合作能力、人际关系能力等

图 20-3　试用期工作结果考评对象重点

20.1.4　从文化认同看

除对工作能力、工作态度、工作结果进行评价外，还需要设计与公司企业文化相关的考核指标，因为管理源自认同。考核指标的选择还与企业的核心价值观有密切的关系，企业崇尚什么，在新员工试用期考核设计时就会进行相应的考虑。这样便于选择认同企业价值观的人与企业共同发展，有时，能力很强的人不一定认同企业的价值观，而这样的人也不一定有好的业绩，正所谓"管理源于认同"。

另外，对于不同岗位、不同系统的新员工要制定不同的标准，不能一概而论。例如，对于销售系统的人员要侧重于销售业绩指标的达成，对于制造系统的人员要侧重生产产品的数量及质量。这样才能公平公正地为新员工进行试用期考评提供有效的依据。

20.2　用好试用期的考评结果

新员工的试用期考评以能力、胜任度评价为主，业绩评价为辅，评价其是否能融入公司以及胜任岗位。试用期的管理也是一种"风险投资"，"股市有风险，投资须谨慎"的原则在此同样适用。拿新员工试用期管理来说，不要认为人招来了，HR 经理就可以大松一口气。也不是把试用期考评完就万事大吉了，如何利用好试用期的考评结果也是试用期管理中的重要环节。

一般来讲，试用期的考评结果分为优秀、合格、不合格几种情况，对于不同结果的应用及后续工作可以分为以下几种。

表 20-3　试用期考评结果应用

考评结果	应　　用	
优秀	试用期转正	上岗并重点关注
合格		上岗
不合格	调岗调薪（在企业有岗位，本人认同）	
	解除劳动合同	

通过试用期考核，让新员工清楚自身的不足之处，明确转正之后的工作目标及努力方向。对于考评不合格需要调岗的，是需要企业重点关注的人群，这些新人之所以考评不合格，并不完全是新人的能力或者工作业绩不好，把合适的人用在合适的岗位上才是人才管理的核心。

对于考评不合格的新员工，一定要有专门的负责人与其进行面谈，达成一致意见后可以进行岗位调整，有效促进考核激励机制的接轨，体现员工工作业绩与薪酬相挂钩，实现企业和个人的价值匹配。

部门领导和所在单位人力资源部门应于试用期满前与被考评者面谈，告知其考评结果，需对该员工调整岗位的，要明确新岗位的目标及职能职责，并签订新的《岗位目标责任书》。调整岗位后，薪酬待遇按照调整后的岗位重新评定。

表 20-4　试用期调岗通知单

调岗通知单			
姓名		现所在单位及部门	
原工作岗位		调整后岗位	
考评期限		观察期协商工资	
调岗原因			
所在单位负责人签字		被考评人确认	

必要的转岗培训，可采取教师授课与学员自学相结合的方式，或采取公司集中培训、委托社会培训机构培训以及委托各单位培训相结合的方式。公共课程由公司统一集中培训，专业课程按照参训员工的专业情况和公司有关单位岗位的实际需求，结合参训员工个人情况编成专业班，实行分班教学。经过双向选择、竞争上岗、择优录用予以上岗工作后，其工资标准按实际就业单位对该岗位确定的工资标准和考核办法执行。转岗培训期间，员工的生活费等具体标准的确定建议遵循以下原则：一是保障参训员工和家庭的基本生活；二是要有利于参训员工安心学习和培训管理。

新员工在调岗观察期间，企业 HR 应当随时跟进，并在观察期结束后要进行相应的考评，根据考评结果进行下一步的工作。

表 20-5 试用期 / 调岗观察期考评表

姓名		性别		年龄		学历	
原岗位				调整后岗位			
考评周期		自　　年　　月　　日——　　年　　月　　日					
考评时间							
直管领导考评		调岗后是否与岗位匹配		□较高　□高　□一般　□较低			
		调岗后工作是否胜任		□较高　□高　□一般　□较低			
		岗位目标责任书完成情况		□完成　□基本完成　□未完成			
所在单位考评意见	直管领导意见	综合评价： 考评建议：□合格，留岗使用　□不合格，解除劳动关系					
	人力资源部门意见	综合评价： 考评建议：□合格，留岗使用　□不合格，解除劳动关系					
	用人单位负责人意见	综合评价： 考评建议：□合格，留岗使用　□不合格，解除劳动关系					
处理记录		签字：　　年　　月　　日					

需要解除劳动合同的，由部门领导和所在单位的人力资源部门于期满前与被考评者面谈，告知其考评结果，若通过调岗仍不适岗，公司将与其解除劳动关系，并办理相关工作交接与解除劳动合同手续。

 小贴士

1. 没有绩效评价何论谁是天下英雄

举重、百米赛我认为是最公平的，谁是此方向的人才比一下就知道了，这里面评判的标准自然是"重与快"，那么企业评价招的人是不是达到了目标、是不是才，其评价的标准就是绩效。因此，企业招聘人才后，一定要做好绩效的评价，并要充分用利试用期的政策把人才评价好。

2. 持续有价值才是好人才

招人才是解决当前的问题还是长远的问题？许多公司一直为此而纠结。"实用主义者就是拿来就用，用后就完"，这样的企业不在少数，特别是一些以项目为目标招聘人才的单位，当项目完成后，团队就解散，对人才来说这样的企业尽量不要去，因为真正的好企业是在用人才的同时培养人才，只要是人才就会

被发现、重用、培养提拔。

3. 从优质的招聘人才中发现优秀基因，再调整人才招聘方向

不同企业培训出来的人才是有差异的，企业自己培养出来的人才最适合企业自身。对企业来说，要从招聘成功人才的群体中去总结发掘，发掘后再对照自己的人才素质能力模型，然后去调整招聘策略，最好的是再针对这些成功人才的共因要素去修改企业的素质模型，从而优化用人标准。

4. 让人才去推荐人才

让成功的人才去推荐人才是许多企业比较推崇的，这种推荐人才的方式值得大家借鉴。企业应制定一些政策去激励人才推荐人才，这样招人既精准，又能减少费用支出。

图书在版编目（CIP）数据

上承战略　下接人才：招聘管理系统解决方案 / 潘平著 . —北京：中国法制出版社，2019.12

（上承战略　下接人力资源业务系列丛书）

ISBN 978-7-5216-0546-4

Ⅰ . ①上…　Ⅱ . ①潘…　Ⅲ . ①企业管理－人才－招聘

Ⅳ . ① F272.92

中国版本图书馆 CIP 数据核字（2019）第 203222 号

策划编辑：潘孝莉

责任编辑：潘孝莉　马春芳　　　　　　　　　　　　　　封面设计：汪要军

上承战略　下接人才：招聘管理系统解决方案

SHANG CHENG ZHANLÜE　XIA JIE RENCAI: ZHAOPIN GUANLI XITONG JIEJUE FANG'AN

著者 / 潘　平

经销 / 新华书店

印刷 / 河北鑫兆源印刷有限公司

开本 / 730 毫米 × 1030 毫米　16 开　　　　　　　　　印张 / 16.5　字数 / 269 千

版次 / 2019 年 12 月第 1 版　　　　　　　　　　　　2019 年 12 月第 1 次印刷

中国法制出版社出版

书号 ISBN 978-7-5216-0546-4　　　　　　　　　　　　定价：59.00 元

北京西单横二条 2 号　邮政编码 100031　　　　　　　传真：010-66031119

网址：http://www.zgfzs.com　　　　　　　　　　　　编辑部电话：010-66073673

市场营销部电话：010-66033393　　　　　　　　　　邮购部电话：010-66033288

（如有印装质量问题，请与本社印务部联系调换。电话：010-66032926）